당 신 의   운 명 을   사 랑 하 라

당신의 운명을 사랑하라

세상을 꿰뚫는 아포리즘 100

강준만 지음 · 강지수 사진

머리말
당신의 운명을 사랑하라

*

"운명은 나약한 인간이 모든 실패에 대해 내놓는 어리석은 변명이다."(에드워드 불워-리튼)

"운명은 실패를 정당화하는 바보의 변명이다."(앰브로즈 비어스)

"운명은 모든 자인自認된 실패의 피난처다."(앤드루 수타)

"인간은 인생의 실수들을 모두 모아 쌓아놓고선 그걸 운명이라 부르는 괴물을 창조한다."(존 올리버 홉스)

"운명은 약자와 낙오자의 발명품이다."(이그나치오 실로네)

'운명'이라는 개념 자체를 비웃는 이런 명언은 무수히 많다. 이런 말을 한 사람들의 한 가지 공통점은 모두 다 자기 분야에서 성공을 거둔 유명인들이라는 점이다. 다 좋은 말이지만, 너무 가혹하다는 생각이 든다. 성공하지 못했거나 실패한 사람들이 운명 탓을 함으로써 마음의 위안을 찾겠다는 게 그리 나쁜 일인지 되묻고 싶어진다.

"아모르 파티amor fati(운명을 사랑하라)." 독일 철학자 프리드리히 빌헬름 니체Friedrich Wilhelm Nietzsche, 1844~1900의 말이다. '운명애運命愛'라고도 한다. 일어나는 모든 것을 단지 수용만 하지 말고 사랑하라는 뜻이다. 가수 김연자의 〈아모르 파티〉(작곡 윤일상, 작사 이건우·신철, 2013)는 남녀간의 사랑을 강조하는 노래이긴 하지만, '왔다 갈 한 번의 인생'에 대해 긍정적인 자세를 취하고 있다는 점에선 통하는 점이 있다.

니체는 이렇게 말한다. "인간의 위대함을 위한 나의 공식은 아모르 파티이다. 이것은 미래에도, 과거에도, 영원을 통틀어 언제라도 자신 아닌 다른 것이 되기를 바라지 않는 것이다. 필연적으로 일어나는 것을 감수할 뿐 아니라 사랑하는 것이다."[1]

니체의 카리스마 넘치는 고압적인 충고보다는 영국 정치가 윈스턴 처칠Winston Churchill, 1874~1965의 부드러운 권유가 귀에 더 솔깃하게 다가온다. 그는 50대 후반이던 1931년에 발표한 「내가 만약 내 인생을 다시 산다면」이란 제목의 글에서 다음과 같이 말했다.

"운명의 기이한 리듬과 화해하십시오. 그것들은 당신이 내쫓는다고 해서 멀리 달아나지 않습니다. 운명은 당신과 함께 이 시공간에 존재해야 합니다. 기쁨을 소중히 여기되 슬픔을 한탄하지는 마십시오. 빛의 영광은 그림자 없이는 존재할 수 없습니다. 인생은 전체이며, 선과 악은 늘 함께 받아들여져야 합니다. 저의 지난 여정은 즐거웠고 한 번은 살아볼 만한 가치가 있었습니다."[2]

미국의 경영 전문가 노엘 티치Noel M. Tichy와 스트랫퍼드 셔먼Stratford Sherman은 1993년에 이런 긴 제목의 책을 출간했다. 『당신의 운명을 스스로 통제하지 않으면 남이 통제할 것이다』. 제목이 제법 멋지다. 자신의 운명을 아무리 사랑한다고 할지라도 운명을 전적으로 남의 통제권에 맡기진 말고 어느 정도나마 자신이 통제할 수 있게끔 애는 써보아야 하지 않을까? 그럴 때에 비로소 자신의 운명에 대한 사랑도 짙어질 것이다.

생존을 위한 '서바이벌 게임'의 포로가 되어 고단하고 고통스럽기까지 한 삶을 간신히 끌어가는 보통 사람들에게 "당신의 운명을 사랑하라"는 말은 악담으로 들릴 수도 있겠다. 하지만 "빛의 영광은 그림자 없

이는 존재할 수 없다"는 처칠의 말은 비슷한 취지의 말임에도 우리에게 다른 울림으로 다가온다. 자신의 운명을 사랑하지 않으면 어쩔 것인지 반대로 생각해보면 운명애가 헛소리는 아니라는 생각이 들지도 모르겠다.

사실 삶 자체에 대해 생각해볼 겨를조차 없는 대부분의 사람들에겐 긍정이건 부정이건 삶에 대해 생각해볼 수 있는 짧은 시간이라도 가져보는 게 작은 축복일 수 있다. 이 책『당신의 운명을 사랑하라: 세상을 꿰뚫는 아포리즘 100』이 우리의 인생과 삶에 관한 다양한 생각을 잠시나마 해볼 수 있는 기회가 되기를 바란다. 이 책엔 아마추어 사진작가 강지수가 직접 촬영한 귀한 풍경 사진 101장이 수록되어 있다. 깊이 감사의 말씀을 드린다. 협업이지만, 사실상 이 책의 주요 저자는 강지수이며 독자들께서도 그리 생각해주시리라 믿는다.

2023년 9월

강준만

차례

제1장

현명하다는 것은
무엇을 무시해야 하는지
아는 것이다

'형편에 맞는 꿈'을
꿔라

*

"동물도 꿈을 꾸는지 모르지만, 나의 한 제자는 이와 관련하여 이런 속담을 말해주었다. '거위는 무슨 꿈을 꾸는가? 옥수수 꿈을 꾼다.' 이 두 문장 안에 꿈은 소망의 충족이라는 이론이 담겨 있다."[1] 정신분석의 창시자 지그문트 프로이트Sigmund Freud, 1856~1939의 말이다. 현실 세계에서 자주 논란이 되는 건 그 소망의 크기 또는 실현 가능성이다.

'형편에 맞는 꿈'은 꿈이 아니다. 2019년 『경향신문』 정책사회부장 정유진이 쓴 칼럼 제목이다. 한 지방의 중학교 교장 선생이 학생들에게 "형편에 맞는 꿈을 가지라"고 훈시해 논란이 된 것과 관련해 한 말이다. 학생들이 "가난하면 꿈을 크게 갖지 말라는 것이냐"고 반발하자, 교장 선생은 언론 인터뷰에서 이렇게 해명했다. "꿈을 고민할 때 자신의 능력과 (집안) 형편을 함께 고려하라는 취지였다. 일부 내용에서 오해가 있었던 것 같은데 절대 희망을 갖지 말라는 얘기가 아니었다."

이에 정유진은 "안타깝지만 크게 다르지 않은 말 같다"며 "그러나 진짜 뼈아픈 것은 그의 말이 부적절하긴 했어도, 인정할 수밖에 없는 현실이란 데 있다"고 했다. 이어 그는 "주어진 사회의 형편 안에서, 각자 계층에 따른 형편에 입각해, 유리한 입시제도를 선점하고자 투쟁하는 끝없는 개미지옥"의 문제를 지적하면서 "수도권의 주요 몇 개 대학만 포식자로 군림하는 이 '첨탑형' 대학 서열화 구조를 재편하지 않고서는 출구가 보이지 않는다. 우리에게 지금 필요한 것은 각자의 형편을 뛰어넘는 더 큰 상상력이다"고 했다.[2]

꿈에 관한 이야기는 TPOtime, place, occasion(시간, 장소, 상황)가 중요하다. 특히 누구를 상대로 어떤 상황에서 말을 하느냐에 따라 그 내용은 크게 달라질 수 있다. 많은 사람을 상대로 공개적으로 말을 할 때엔 꿈은 무조건 예찬하는 게 좋다. 그러나 자기 자식이나 평소 잘 아는 젊은이에게 개인적인 조언을 요청받았을 때

엔 "형편에 맞는 꿈을 가지라"고 말해줄 수도 있을 게다. 문제의 교장 선생은 그런 TPO를 어긴 셈이다. 허황된 꿈으로 인해 인생을 망치는 이가 많다는 걸 감안하자면, TPO를 지키는 걸 전제로 '형편에 맞는 꿈'을 꾸라는 조언을 해주는 게 필요할 수도 있다.

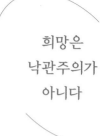

희망은
낙관주의가
아니다

*

"낙관은 상황이 나아지리라는 믿음이다. 희망은 우리가 힘을 합쳐 더 나은 상황을 만들 수 있다는 신념이다. 낙관이 수동적인 덕목이라면 희망은 능동적인 덕목이다. 낙관론자가 되기 위해 용기가 필요한 것은 아니지만, 희망을 갖기 위해서는 커다란 용기가 필요하다."[3] 영국의 유대인 철학자이자 신학자인 조너선 색스Jonathan Sacks, 1948~2020가 『차이의 존중: 문명의 충돌을 넘어서』(2002)에서 한 말이다.

독일 정치학자 얀-베르너 뮐러Jan-Werner Mueller도 『민주주의 공부』(2021)에서 "마틴 루서 킹 주니어의 가르침처럼, 낙관주의는 희망과 다르다"며 이렇게 말

한다.

"전자가 확률에 대한 것이라면, 후자는 누군가가 그 길을 택할 가능성과 관계없이 그럼에도 불구하고 앞으로 나아갈 길을 찾는 것이다. 길이 존재하는 것은 분명하다. 나머지는 우리에게 달려 있다."[4]

미국 작가이자 여권운동가인 리베카 솔닛Rebecca Solnit도 "희망은 모든 것이 괜찮다는 게 아니다. 희망은 낙관주의가 아니다. 그렇다고 비관주의도 아니다. 희망은 이 둘 사이에 존재한다. 그것은 믿는 거다. 그것은 알지 못함에 대한 믿음이다"고 말한다.[5]

희망을 두고 왜 이리 말이 많은가? 대미를 장식하겠다는 듯, 독일의 음유시인 볼프 비어만Karl Wolf Biermann은 "이 시대에 희망을 말하는 자는 사기꾼이다. 그러나 절망을 설교하는 자는 개자식이다"고 말한다.[6] 그래서 어쩌란 말인가? 사기꾼과 개자식 중 양자택일을 하라는 건가? 아니면 아예 입을 다물라는 말인가? 속는 줄 알면서도 속는 게, 아니 속아야만 하는 게 우리 인생이 아니겠느냐는 의미로 읽힌다.

내 희망의
내용은
질투뿐인가?

*

"살았을 때 냄새 맡자. 향기로운 숨결이다. 정의의 여신
조차 설득당해 칼을 꺾을 만하구나. 다시 한번. 죽어서
도 이렇다면 난 너를 죽여놓고 그 후에 사랑하리." 영국
극작가 윌리엄 셰익스피어William Shakespeare, 1564~1616
의 『오셀로』에 나오는 말이다. 수많은 문학 작품이 증오
로 변한 질투의 섬뜩한 모습을 그려내고 있지만, 이 점
에 관한 한 『오셀로』가 단연 최고봉이 아닌가 싶다. 오
셀로는 질투에 불타 아내를 죽이겠다는 마음을 먹고 침
실로 가서 잠자고 있는 그녀를 보며 이와 같은 독백을
내뱉는다.[7]

　셰익스피어가 말했듯이, "공기처럼 가벼운 사소한

일도 질투하는 이에게는 성서의 증거처럼 강력한 확증"이라고 하니,[8] 질투는 긴장과 흥분을 불러일으킬 수 있는 좋은 드라마적 요소가 아니고 무엇이랴. 그 질투는 주로 남녀 관계의 형식을 통해 발현되지만, 그건 사실상 삶 전체에 대한 의심과 불안의 성격을 띠기 마련이다.

"질투가 심한 남편이 의심하는 것은 아내가 아니라 자신이다."[9] 프랑스 소설가 오노레 드 발자크Honore de Balzac, 1799~1850의 말이다. "유능하고 자신 있는 사람은 어떤 경우에도 질투를 느끼지 못한다. 질투는 언제나 신경질적인 불안감의 증상이다."[10] 미국의 SF 작가인 로버트 하인라인Robert A. Heinlein, 1907~1988의 말이다.

"살아온 날들을 신기하게 세어보았으니/그 누구도 나를 두려워하지 않았으니/내 희망의 내용은 질투뿐이었구나/그리하여 나는 우선 여기에 짧은 글을 남겨둔다/나의 생은 미친 듯이 사랑을 찾아 헤매었으나/단 한 번도 스스로를 사랑하지 않았노라."[11] 시인 기형도의 유고 시집 『입 속의 검은 잎』(1989)에 실린 14행의 짧은 시 「질투는 나의 힘」이다. 내 희망의 내용도 다른 사람과의 비교에서 웃자란 질투뿐인 건 아닌지 새삼 내 희망을 음미해보게 된다.

선택은
피할 수 없는
삶의 멍에다

*

"선택의 과정은 죽을 때까지 계속되고, 그 선택들은 전적으로 우리의 책임이다."[12] 미국 프랭클린 루스벨트Franklin Roosevelt, 1882~1945 대통령의 부인 엘리너 루스벨트Eleanor Roosevelt, 1884~1962의 말이다. "선택을 내림으로써 인간은 자기 자신을 만들고, 자기만의 도덕적 인격을 창조하거나 파괴한다." 프랑스의 실존주의 철학자 장 폴 사르트르Jean-Paul Sartre, 1905~1980의 말이다. 인간은 자유를 운명으로 타고났으며, 각자 자신이 자유를 활용하는 방식에 책임이 있다는 뜻으로 한 말이다.[13]

"자신의 운명을 형성하는 데서 개인에게 주어지는 선택의 폭이 클수록 올바른 선택을 해야 한다는 책임

의 무게도 무거워진다." 미국 역사학자이자 사회학자
인 리아 그린펠드Liah Greenfield가 2006년에 출간한
책에서 한 말이다. 그는 "근대의 이점은 만만찮은 가
격표를 동반한다"며 "삶은 어느 때보다 더 흥미롭고
감당하기 어렵다. 우리는 과거 어느 때보다 더 힘이 많
으면서도 더 무기력하다"고 했다.[14]

　많은 사람에게 선택이 어렵거나 고통스러운 건 "나
는 무엇을 원하는가?"라는 답에 시원하게 답할 수 없
기 때문이기도 하다. 그래서 미국에는 심지어 '원톨로
지스트wantologist'라는 신종 직업마저 생겨났다. 원톨
로지스트는 고객이 마음속으로 절실히 원하는 게 무
엇인지 알아보고 결정해주는 사람이다. 미국 사회학
자 앨리 러셀 혹실드Arlie Russell Hochschild는 『나를 빌
려드립니다』(2012)에서 원톨로지스트의 업무를 자세
히 소개한 뒤 이렇게 탄식한다. "이제 전문가의 지도
없이는 우리가 일상에서 가장 필요로 하고 원하는 게
무엇인지조차 제대로 분간할 수 없는 시대가 됐다는
말일까?"[15]

　선택은 피할 수 없는 삶의 멍에임에도 그걸 피해보
겠다고 발버둥을 친 결과 나타난 게 '원톨로지스트'라
는 신종 직업일 게다. 미국 철학자이자 심리학자인 윌
리엄 제임스William James, 1842~1910는 "현명하다는 것

은 무엇을 무시해야 하는지 아는 것이다"고 했다.[16] 모든 사람이 그런 능력을 똑같이 갖고 있는 건 아니기에, 이 신종 직업을 '지혜의 아웃소싱'으로 이해할 수도 있겠다. 그렇다면 '영혼의 아웃소싱'도 가능한 것인지, 가능하다고 해서 정당화될 수 있는 것인지, 갑자기 궁금한 게 많아진다.

선택은
사람 잡는
괴물이다

*

"사람들은 일상 속 선택의 순간에 대해 고민할 시간이 없다." 애플 창업자 스티브 잡스Steve Jobs, 1955~2011가 1997년 9월 애플에 복귀한 후 제품 종류의 70퍼센트를 없애버리고 집중에 의한 '애플 브랜드'의 재건을 강조하면서 한 말이다. 즉, 브랜드는 그 선택의 순간을 도와주기 때문에 정보가 넘쳐나는 시대에는 브랜드가 더욱 중요하다는 논리다.[17]

"선택할 자유는 실패할 자유로 쉽게 변질된다." 미국 심리학자 피터 우벨Peter A. Ubel이 『욕망의 경제학』(2009)에서 한 말이다. 그는 그 사례로 행동경제학자 댄 애리얼리Dan Ariely의 실험 결과를 제시했다. 애리

얼리는 학생들에게 세 가지 과제를 주고 그 답을 학기 중에 어느 때든 하나씩 제출하거나 마지막 날에 한꺼번에 낼 수 있도록 선택권을 주었다. 어떤 일이 벌어졌을까? 대다수 학생은 과제를 뒤로 미루다가 학기 말에 급하게 쓴 부실한 내용으로 답을 제출한 반면, 학기 중에 일정한 간격으로 답을 차례로 제출한 학생들은 훨

씬 충실한 답을 제출했다.[18]

"선택 이데올로기의 역설은, 현실에서 선택의 여지가 점점 더 줄어든다 할지라도 성공하지 못한 것은 자기 잘못이라고 믿어버리게 된다는 것이다."[19] 슬로베니아 철학자 레나타 살레츨Renata Salecl이 『선택이라는 이데올로기』(2010)에서 한 말이다. 그렇다면, 선택은 '피할 수 없는 삶의 멍에'라는 수준을 넘어서 '사람 잡는 괴물'일 수도 있다는 게 아닌가?

미국 시인 로버트 프로스트Robert Frost, 1874~1963는 "생각은 찬성이나 반대가 아니라 선택이다"고 했다. 그의 시 「가지 않은 길」이 새삼 무섭게 느껴지는 건 순간의 선택이 자신의 삶을 송두리째 바꿀 수도 있다는 걸 인정하지 않을 수 없기 때문일 게다. "숲속에 길이 두 갈래로 나 있었다. 나는 사람들이 적게 간 길을 택했다. 그로 말미암아 모든 것이 달라졌다."[20] 선택은 괴물이되, 늘 몇 개 가운데 골라야만 하는 수동성을 강요한다는 점에서 매우 고약한 괴물이다.

변화하지
않는 것도
용기다

*

"진보는 변화 없인 불가능하다. 스스로 바뀌지 않는 사람은 그 어떤 것도 바꿀 수 없다." 영국 작가 조지 버나드 쇼George Bernard Shaw, 1856~1950의 말이다. "인간에게 다른 피조물을 지배하는 힘을 준 것은 변화하려는 인간의 능력이다."[21] 불가리아 출신의 영국 작가이자 문화인류학자인 엘리아스 카네티Elias Canetti, 1905~1994의 말이다.

"변화는 삶의 규칙이다. 과거나 현재만 바라보는 사람은 미래를 놓친다."[22] 미국 제35대 대통령 존 F. 케네디John F. Kennedy, 1917~1963의 말이다. "변하지 않으면 살아남을 수 없다."[23] 미국의 자기계발 전문가인

스펜서 존슨Spencer Johnson, 1938~2017이 글로벌 밀리언셀러가 된『누가 내 치즈를 옮겼을까』(1998)에서 한 말이자, 이 책의 핵심 메시지다.

"많은 이들에게 의혹의 눈초리를 받지 않는다면, 당신은 지금 변화를 만들어내고 있는 게 아니다."[24] 미국의 마케팅·자기계발 전문가인 세스 고딘Seth Godin이 『이카루스 이야기: 생각을 깨우는 변화의 힘』(2012)에서 한 말이다. "변화가 필요하기 전에 먼저 변하라."[25] 미국 GE 회장을 지낸 잭 웰치Jack Welch, 1935~2020의 말이다.

이렇듯 변화를 요구하는 명언은 무수히 많다. 그런데, 모두가 다 변화를 하려고 발버둥친다면 차라리 변화를 거부하면서 그걸 당당하게 여기는 것도 시도해볼 만한 게 아닐까? 정신과 전문의이자 신경인류학자인 박한선은 "개인이든 국가든 끊임없이 유연하게 바꿔야 한다는 강박에서 자유로워지기를 바란다"며 "바꾸지 않는 것도 용기다"고 했다.[26]

아무 변화도 시도하지 않고 가만히 있는 게 게으름이 아닌 용기가 된 세상에 우리가 살고 있다는 게 재미있다. 공적 영역에서 사적 목적을 위해 변화를 우격다짐으로 저지르기만 할 뿐 변화의 품질을 제대로 관리하지 못하는 사람들이 흘러넘치는 세상에서 변화를 거부하는 건 이제 보수나 수구일 순 없다.

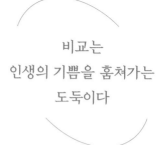

비교는
인생의 기쁨을 훔쳐가는
도둑이다

*

"집은 클 수도 작을 수도 있다. 주변의 집들이 똑같이 작다면 그것은 거주에 대한 모든 사회적 수요를 충족시킨다. 만약 작은 집 옆에 궁전이 솟아오르면 그 작은 집은 오두막으로 위축된다."[27] 독일 사상가이자 경제학자인 카를 마르크스Karl Marx, 1818~1883의 말이다.

"거지는 자신보다 더 많은 수입을 올린 다른 거지들을 시기할망정 백만장자를 시기하진 않는다." 영국 철학자 버트런드 러셀Bertrand Russell, 1872~1970의 말이다.

"부자란 자기 동서보다 더 많이 버는 사람이다." 미국 작가 헨리 루이 멩켄H. L. Mencken, 1880~1956의 말이다. 실제로 미국에서 이루어진 조사에 따르면, 여동생의 남편이 자기 남편보다 소득이 더 많은 여성은 그렇지 않은 경우에 비해 취업할 확률이 20퍼센트 높은 것으로 나타났다.[28]

"친구가 부자가 되는 모습을 보면 누구나 배가 아파 판단력을 잃게 된다."[29] 미국 경제사가 찰스 킨들버거Charles P. Kindleberger, 1910~2003의 말이다.

"나는 보수가 매우 좋고 전 세계에서 열리는 회의에 많이 초대받는 매우 좋은 일자리를 갖고 있다. 99퍼센트의 인류와 비교해도 나는 불만스러운 것이 없다. 그

러나 인간이라는 동물은 본래 그런 식으로 생각하지 않는다. 나의 정서적 준거 그룹은 내 세대의 가장 성공적인 경제학자들로 이루어져 있고, 나는 그 소수 안에 들어 있지 않다."[30]

미국 경제학자 폴 크루그먼Paul Krugman의 말이다. 이는 그가 2008년 노벨 경제학상을 받기 수년 전에 한 말인지라, 지금도 유효한지는 알 수 없다. 이제 그는 가장 성공한 경제학자들의 그룹에 속하긴 했지만, 그 안에서도 비교가 이루어져 불만을 느끼는 사람이 있을지도 모르겠다. 그게 바로 우리 인간이다.

프랑스 작가 쥘 르나르Jules Renard, 1864-1910는 오래전 바로 그 점을 꿰뚫어보고 이런 명언을 남겼으리라. "행복한 것만으론 충분치 않다. 다른 사람들이 행복하지 않는 것도 필요하다." 우리 모두 미국 영화 〈괜찮아요, 미스터 브래드Brad's Status〉(2017)의 메시지를 상기하는 게 좋겠다. "비교는 인생의 기쁨을 훔쳐가는 도둑이다."[31]

인생의 의미를
찾아
헤매지 마라

*

"우리는 완전한 무방비 상태에서 인생의 오후로 건너
간다. 훨씬 더 나쁜 것은, 늘 그랬듯이 자신의 진실과 이
상이 도와줄 것이라는 착각으로 걸음을 옮긴다. 하지만
우리는 인생의 아침에 세운 계획에 따라 인생의 오후를
살 수 없다. 왜냐하면 아침에 위대했던 것이 저녁에는
미미해지고, 아침에 진실했던 것이 저녁에는 거짓이 되
기 때문이다."[32] 스위스의 정신과 의사이자 심리학자인
카를 구스타프 융Carl Gustav Jung, 1873~1961의 말이다.

  "행복이 무엇인지 계속 묻는다면 결코 행복할 수
없다. 인생의 의미를 찾아 헤맨다면 결코 인생을 살
아갈 수 없다." 프랑스 작가 알베르 카뮈Albert Camus,

1913~1960의 말이다. 이 말의 의미를 "애쓰지 마"라는 한마디로 해석한 미국 칼럼니스트 마크 맨슨Mark Manson은 『신경끄기의 기술』(2016)에서 이런 질문을 던진다. "생각해보라. 신경을 덜 쓸 때 오히려 능력을 발휘한 경험이 있을 걸? 성공에 무심한 사람이 실제로 성공한 경우가 얼마나 많은데! 신경을 껐을 때 모든 일이 술술 풀렸던 경험이 있지 않은가?"[33]

"인생은 안개 속에 싸인 길이다." 체코 작가 밀란 쿤데라Milan Kundera, 1929~2023의 말이다. 그는 "안개 속에서 우리는 자유롭게 다닐 수 있다. 그러나 그것은 안개 속에 싸인 자유일 뿐이다"고 했다.[34] 그는 이런 명언도 남겼다. "우리에게는 오직 한 번의 인생만 주어진다. 우리는 이것을 지난 인생들과 비교할 수도 없거니와 이후의 인생에서 완벽하게 만들 수도 없다."[35]

쿤데라가 섭섭하게 생각할지 모르겠지만, 이 또한 인생의 의미를 찾아 헤매지 말라는 말로 받아들이면 어떨까? 이걸 줄여서 하는 말이 있다. "인생은 인생일 뿐 별것 없다Life is life." 그 어떤 의미를 구체화해서 음미해야만 만족할 수 있는 인생이라는 건 남에게 보여주기 위한 인생은 아닌지 모르겠다. 그건 특별한 사람들의 인생일 뿐 인간의 절대 다수는 인생을 무사히 잘 마치는 것만으로도 만족할 것이다.

백 년 후,
이 세상은 모두
새 사람이다

*

"내가 너를 천국에서 만난다면 너는 내 이름을 알까?"
영국 가수 에릭 클랩턴Eric Clapton의 가슴 저미는 명곡
〈천국의 눈물Tears in Heaven〉(1992)이다. "내가 너를 천
국에서 만난다면 지금과 같을까?/……/천국에서 널 만
나면 내 손을 잡아주겠니?/천국에서 널 만나면 날 도와
일으켜주겠니?/……/저 문밖에는 평화가 있을 거라 확
신해/그리고 더이상 천국에서 흘리는 눈물도 없을 거
라고."

아들을 먼저 보낸 아버지의 절절한 슬픔을 담은 이
노래는 자식의 죽음을 먼저 본 모든 부모의 심금을 울
린다. 클랩턴은 2004년부터 자신의 공연에서 이 노

래를 부르지 않는다고 한다. 시인 오광수의 말마따나 "자식을 가슴에 묻은 부모로서 그 노래를 계속 부르면서 악몽을 떠올리는 건 잔인한 일이 아닐까요?"[36]

　"사는 법을 배운다는 것은 죽는 법을 배운다는 뜻일 거예요. (나에게나 타인들에게나 구원도 없고 부활도 없으며 대속도 없는) 죽음의 절대성을 고려하고 받아들이는 법을 배우는 거죠. 플라톤 이후로 철학의 오랜 명령은 '철학한다는 것은 죽음을 배우는 것'이었습니다. 나는 이 진리를 점점 더 믿을 수 없거니와 그 진리에 나를 체념하고 의탁하지 못합니다. 나는 죽음을 받아들이는 법을 배우지 못했어요.⋯⋯죽는 법을 아는 지혜에 관한 한 여전히 배움이 불가능합니다. 그쪽으로는 배우거나 습득한 바가 전혀 없어요."[37]

프랑스 철학자 자크 데리다Jacques Derrida, 1930~2004가 암 투병 중에 가진 『르 몽드』와의 인터뷰에서 한 말이다. 그는 이 인터뷰를 하고 몇 달 후에 세상을 떠났다.

"지금부터 백 년 후, 이 세상은 모두 새 사람입니다. 이 아이디어를 마음속에 잘 간직하면 위기 상황이나 스트레스를 받을 때 균형 잡힌 시각을 얻을 수 있습니다."[38] 미국 작가 리처드 칼슨Richard Carlson, 1961~2006의 말이다. 이 말이 사랑하는 사람의 죽음으로 인해 고통받는 사람들, 죽음을 받아들이는 법을 배우지 못한 사람들에게도 그 어떤 위안이 될 수 있을까? 누군가 말했듯이, "인간이라는 존재는 죽음이란 별 아래에서 살아갈 뿐이다"는 철칙에서 체념의 지혜를 음미해야 하는가?

누구도
섬은
아니다

*

"죽음은 우리에게 아무것도 아니다. 우리가 존재할 때에는 죽음이 없고 죽음이 존재할 때에는 우리가 더이상 존재하지 않기 때문이다. 따라서 죽음은 산 자들과도, 죽은 자들과도 상관이 없다. 죽음은 산 자들을 위한 것이 아니요, 죽은 자들은 어차피 더는 존재하지 않는 까닭이라." 고대 그리스 철학자 에피쿠로스Epicurus, B.C.341~B.C.270의 말이다.

이런 종류의 주장에 대해 풍자와 역설의 잠언으로 유명한 프랑스 작가 라로슈푸코François de La Rochefoucauld, 1613~1680는 이런 말 펀치를 날렸다. "죽음을 멸시해야 한다고 우리를 설득하려는 철학자들의

노력만큼 죽음의 가공할 두려움을 절실하게 입증하는
것도 없다."[39]

　그렇다면 죽음을 연대의 계기로 삼는 건 어떨까?
1623년 갑작스런 질병으로 사경을 헤매고 있던 영국
의 성공회 사제이자 시인인 존 던John Donne, 1572~1631
은 누군가의 장례 미사를 알리는 종소리를 듣고 자신

과 이웃의 죽음을 함께 묵상했다. 그는 병마에서 벗어
난 후 다음과 같은 글을 썼다.

"누구도 섬은 아니다. 모든 인간은 대륙의 한 조각
이며 대양의 일부다. 흙덩이가 바닷물에 씻겨 내려가
면 유럽은 그만큼 작아지고, 모래톱이 그리 되어도, 그
대의 친구들이나 그대 자신의 땅이 잠겨도 마찬가지
인 것. 어떤 사람의 죽음이든 나에게 상처를 입히니 그
것은 나 또한 인류에 포함되어 있기 때문. 그러니 누구
를 위하여 종이 울리는지 알려고 사람을 보내지 말라.
종은 바로 그대를 위하여 울리는 것이니."[40]

누군가가 죽었다고 해서 그 사람과의 관계가 끝나
는 건 아니다. 때론 차라리 섬처럼 관계가 단절되었으
면 하고 바랄 수도 있겠지만, 그럴수록 관계는 선명하
게 되살아나기도 한다. 그 관계는 고통과 비극의 근원
일 수도 있다. 우리가 관계의 성격을 마음대로 선택할
수 있는 건 아니기에 우리는 늘 기원하거나 기도한다.
기쁨과 희망의 근원이 되는 관계를 누리게 해달라고
말이다.

제2장

실패할 때마다
다시 일어서는 것이
인간의 가장
고귀한 덕성이다

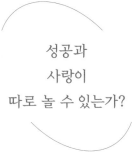

성공과
사랑이
따로 놀 수 있는가?

*

타인을 존중하는 성향이 강한 사람은 협조적이고, 사람을 잘 믿고, 타인의 감정을 잘 이해하는 '친화성 agreeableness' 수치가 높다. 좋은 사회·인간관계 차원에서는 친화성이 높은 것이 유리하지만, 개인적인 성공의 차원에서는 어떨까? 이와 관련, 영국의 생물학자이자 행동과학자인 대니얼 네틀Daniel Nettle은 『성격의 탄생』(2007)에서 "친절하고 공감을 잘한다는 것은 친화성이 높다는 것을 의미하고, 사회경제적으로 성공했다는 것은 친화성이 낮다는 것을 의미한다"고 말한다.[1]

　사회경제적으로 성공했다는 것이 친화성이 낮다는 것을 의미한다는 것에 반론을 제기할 수도 있겠지만,

모든 사람에게 좋은 소리 들어가면서 큰일을 이룰 수는 없다는 정도로 해석하면 무방하겠다. 친화적인 사람은 남들이 반대하거나 비웃는 일을 하지 않으려고 하는 반면, 비친화적인 사람은 남들의 생각에 개의치

않으며 이것이 종종 성공의 비결이라는 것이다.[2]

　"우리는 성공과 사랑을 완전히 별개로 취급하는 목소리를 만들어내야 한다. 실패를 해도 나는 사랑받을 만한 사람이고, 승자가 되는 것은 내 정체성의 일부일 뿐, 가장 중요한 부분은 아니라고 일깨워줄 수 있는 목소리를 만들어내야 한다."[3] 스위스 작가 알랭 드 보통Alain de Botton이 설립한 '인생학교'가 2016년에 출간한 『평온』에서 한 말이다.

　성공과 사랑이 따로 노는 세상을 만들자는 제안인 것 같은데, 과연 그게 가능할까? "성공이 성공을 낳는다. 하나가 잘되면 만사가 잘된다"거나 "성공하면 바보도 잘나 보인다"는 말은 성공과 사랑이 분리되기 어렵다는 걸 시사해주는 게 아닐까? 아니 애초부터 우문愚問이다. 가능하건 가능하지 않건, 이 제안에 마음속으로나마 지지를 보내는 거야 어렵지 않으니까 말이다. 고대 로마 시인 루컨Lucan, 39~65이 다음과 같은 말을 남겼다는 게 놀랍다. "성공한 사람은 남들에게서 사랑받는 이유가 오직 자기 자신 때문인지 확신하지 못한다."

실패를
축하한다는 말을
믿어도 되는가?

*

"나는 실패가 당신을 안락함에서 끌어내고 어려운 숙
제를 주기 때문에 경영자인 당신의 동반자라고 생각한
다."[4] 1987년부터 1998년까지 인텔의 CEO로 일한 앤
디 그로브Andy Grove, 1936~2016의 말이다. "선수로 뛰
는 동안 9,000번 넘게 슛을 성공시키지 못했고, 300경
기에서 패했다. 인생에서 나는 계속해서 실패하고 또
실패했다. 그것이 나의 성공 비결이다."[5] 미국 농구 황
제 마이클 조던Michael Jordan의 말이다.

실패를 찬양하는 명언이 많지만, 이런 좋은 말들
은 거의 대부분 결과론이라는 데에 문제가 있다. 많은
시도를 했지만 계속 실패한 사례들은 언급되지 않으

며 언급될 가치조차 누리지 못한다. 캐나다의 건강심리학자 재닛 폴리비Janet Polivy는 2000년에 발표한 논문에서 사람들이 "실패를 거듭해도 계속 불가능한 목표를 추구하는 것"을 가리켜 '헛된 희망 증후군False Hope Syndrome'이라고 불렀다.[6]

"우리는 실패를 축하한다. 우리 회사에서는 아주 어려운 일을 시도하여 실패하더라도 거기서 배움을 얻을 수만 있다면 괜찮다."[7] 구글 회장 에릭 슈밋Eric E. Schmidt이 2010년 한 컨퍼런스에서 한 말이다. 축하할 만한 아주 좋은 말이긴 하지만, '아주 어려운 일'을 시도하다 실패했을 때, 그리고 다음에 성공할 수 있는 배움을 얻었을 때에만 적용되는 원칙이라는 걸 분명히

해두는 게 좋겠다.

중국 춘추시대 유학자 공자B.C.551~B.C.479는 "절대로 실패하지 않는 것이 아니라 실패할 때마다 다시 일어서는 것이 인간의 가장 고귀한 덕성이다"고 했다지만,[8] 포기와 체념을 모른 탓에 양산된 수많은 '폐인'을 생각하노라면 무작정 도전을 부추길 일만은 아니다. 실패를 축하한다는 말, 설령 믿더라도 너무 믿지는 않는 게 좋겠다.

왜 패배를
큰 재앙으로만
여기는가?

*

"승리하면 아버지가 100명이 생기지만 패배하면 고아
가 된다는 옛말이 있다." 미국 제35대 대통령 존 F. 케
네디John F. Kennedy, 1917~1963의 말이다. 이탈리아의
외무장관이었던 잔 갈레아초 치아노Gian Galeazzo Ciano,
1903~1944는 "승리하면 아버지가 100명이 생기지만
패전하면 아무도 알아주지 않는다"고 했다지만, 치아노
도 옛말, 즉 속담을 가져다 쓴 게 아닌가 싶다.[9]

언론인 예영준은 2023년 새만금 잼버리 사태와 관
련해 '책임'의 관점에서 "'성공은 수백 명의 아버지가
있지만, 실패는 고아'라는 서양 속담이 있다. 아무도
실패의 책임을 지는 사람이 없다는 뜻이다"며 다음과

같이 말했다.

"그런데 이 속담이 지금의 한국 정치에선 적용되지 않는 게 분명하다. 한국에선 실패에도 아버지가 많다. 그 이유가 '내 탓이오'라고 책임지고 나서는 사람이 많아서라면 그나마 다행일 것이다. 지금 벌어지고 있는 실상은 '그 아버지는 우리 집안 사람이 아니고, 저쪽 집안 사람'이라고 서로 삿대질하며 몰아세우는 형

국에 가깝다."[10]

미국 정치학자 스티븐 레비츠키Steven Levitsky와 대니얼 지블랫Daniel Ziblatt은 『뉴욕타임스』(2018년 1월 27일)에 기고한 칼럼에서 "지금 정당들은 서로를 정당한 경쟁 상대가 아닌, 위험한 적으로 볼 뿐이다. 의원들은 이제 패배를 정치적 과정의 일부로 받아들이지 못하고 큰 재앙이라도 당한 것처럼 생각한다"고 개탄했다.[11] 한국 정당과 정치인들도 패배와 실패를 큰 재앙으로 여기기 때문에 그렇게 '남 탓'에 집착하는 건 아닐까?

노예제 폐지론자였던 미국 보스턴 변호사 웬들 필립스Wendell Phillips, 1811~1884는 "패배란 무엇인가? 교육일 뿐이다. 더 나은 것을 향한 첫 번째 단계일 뿐이다"고 했다지만,[12] 이젠 그야말로 케케묵은 옛날이야기가 되어버린 것 같다. 패배나 실패를 더 나은 미래를 위한 교육으로 생각하는 건 구차한 '정신 승리'에 지나지 않는 걸까?

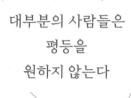

대부분의 사람들은
평등을
원하지 않는다

*

"두 사람이 30분만 같이 있으면 어느 한쪽이 다른 한
쪽에 비해 명백한 우세를 보이게 되어 있다." 영국 작
가 새뮤얼 존슨Samuel Johnson, 1709~1784의 말이다. "우
리는 소수의 손에 부를 집중시켜줄 수도 있고, 민주주
의를 누릴 수도 있다. 하지만 두 가지를 동시에 가질 수
는 없다."[13] 미국 연방 대법관 루이스 브랜다이스Louis D.
Brandeis, 1856~1941의 말이다.

　"자유보다 평등(결과의 평등이라는 의미에서)을 우선
시하는 사회는 평등하지도 자유롭지도 않은 사회가
될 것이다." 1976년 노벨 경제학상을 받은 미국의 자
유방임주의 경제학자인 밀턴 프리드먼Milton Friedman,

1912~2006이 『선택할 자유』(1980)에서 한 말이다. 이어 그는 다음과 같이 말했다. "평등한 사회를 만들기 위한 힘의 사용은 자유를 파괴하게 될 것이고 선한 목적으로 도입된 힘은 자신들의 이익을 증진시키기 위해 그것을 사용하는 사람들이 장악하게 될 것이다."[14]

이 책의 출간 이후 전개된 시대적 상황은 프리드먼의 편이었다. 미국에선 로널드 레이건Ronald Reagan, 1911~2004, 영국에선 마거릿 대처Margaret Thatcher,

1925~2013가 집권에 성공하면서 보수의 전성시대가 열렸고, 프리드먼은 이 두 지도자와 개인적 친분을 누리면서 이들의 이론적 사부 역할을 했으니 말이다.[15]

"안타깝게도 대부분의 사람들은 평등을 원하지 않는다. 스스로의 '개방성'과 '관용' 점수를 엄청나게 높게 주면서도, 아니 오히려 그렇다고 믿기에 더욱 상대와 나를 구분하고 경계 지으려 한다."[16] 오스트리아 사회학자 라우라 비스뵈크Laura Wiesböck가 『내 안의 차별주의자: 보통 사람들의 욕망에 숨어든 차별적 시선』(2018)에서 한 말이다.

"언제나 평등하지 않은 세상을 꿈꾸는 당신에게 바칩니다."[17] 2023년 6월 분양을 시작한 아파트 '더 팰리스 73'의 광고 문구다. '더 팰리스 73'은 미국 건축가 리처드 마이어Richard Meier가 설계한 주상복합 아파트로 2027년 서울 서초구에 들어설 예정이다. '73'은 73세대만 짓는다는 뜻인데, 한 세대당 분양가가 100~400억 원에 달한다. 이 광고엔 홈페이지가 다운될 정도로 '천민자본주의', '물질 만능주의'라는 비판이 쏟아졌다지만, 막상 자신이 100~400억 원의 아파트를 가질 수 있다면 어떤 반응을 보일지 궁금하다.

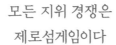

모든 지위 경쟁은
제로섬게임이다

*

"부르주아지를 증오하는 것이 지혜의 시작이다." 프랑스 작가 구스타브 플로베르Gustave Flaubert, 1821~1880의 말이다. 이 말은 19세기 중반 유럽에서 벌어진 부르주아지와 보헤미안의 갈등을 잘 표현해주었다. 보헤미안들은 부르주아지가 대표하는 거의 모든 것을 지독하게 싫어했으며, 그들을 모욕하는 것을 자랑으로 여겼다.

이들의 갈등은 사실상 '지위 투쟁'이었다. 누가 높은 지위를 얻을 자격이 있고 그것은 어떤 이유에서인가 하는 문제였다는 것이다. 부르주아지는 상업적 성공과 공적인 평판에 기초하여 지위를 부여한 반면, 보헤미안들에게 중요한 것은 세상을 예민하게 받아들일 수 있느냐, 예술에 관람자나 창조자로서 헌신할 수 있느냐 하는 것이었다.[18] 물론 오늘날 부르주아지의 지위 부여 방식이 주류가 되었음은 두말할 나위가 없다.

"모든 형태의 지위 경쟁은 제로섬게임이다. 누군가의 지위가 높아지려면 다른 사람의 지위는 상대적으로 낮아져야 한다. 그렇다면 유한계급의 활동이 머잖아 전형적인 군비 경쟁의 성격을 띠게 된다는 것을 금방 이해할 수 있다. 주어진 위계질서 내에서 자신의 상대적 지위를 일정하게 유지하려면 구성원 모두가 더 많은 노력을 기울여야 하기 때문이다."[19] 캐나다 철학자 앤드루 포터Andrew Potter가 『진정성이라는 거짓말』(2010)에서 한 말이다.

"더 많이 성취함으로써 자기 자신의 지위를 올리려는 것은 위험하다." 영국 철학자이자 언론인인 줄리언 바지니Jukian Baggini가 『최고가 아니면 다 실패한 삶일까』(2012)에서 한 말이다. 그는 그 이유에 대해 이렇게 말한다. "자신보다 더 큰 성취를 이룬 사람은 도처에 있기 마련이고, 결국 그들을 따라잡기 위한 끊임없는 경쟁 상태에 놓이게 된다. 자신을 남과 비교하며 평가하는 '시시포스의 돌 굴리기 같은 지난한 과정'을 따라가다 보면 스트레스와 불안, 우울이 기다리고 있음을 발견하게 될 뿐이다."[20]

그렇긴 하지만, 지위 자체가 사라지지 않는 한 그런 고통을 감수하는 게 낮은 지위에서 비롯되는 다른 고통을 겪어야 하는 것보다는 훨씬 낫다고 보아야 하지 않을까? 바로 그런 생각 때문에 지위 경쟁이 지속되는 게 아니겠느냐는 것이다. 이건 어쩌면 영원히 풀리지 않을 우리 인간 세계의 영원한 고민일지도 모르겠다.

진화가
덜 된 사람이
서열에 집착한다

*

"개별 인간은 인류의 방대한 서열 체계에서 자신이 차지하는 정확한 등급을 눈동자에 새겨놓고 있다. 그리고 상대의 이런 표식을 읽어내도록 계속적으로 배운다."[21] 미국 철학자 랠프 월도 에머슨Ralph Waldo Emerson, 1803~1882의 말이다. 동서고금을 막론하고 모든 인간이 다 그렇긴 하지만, 한국인의 서열 사랑이 유별나다는 데엔 별 이견이 없는 것 같다.

"감방 서열이란 게 따지고 보면 죄를 먼저 지은 순서지요. 그게 무슨 자랑이라고……. 고참의 등에 증오의 눈길을 보내던 신참도 똑같아집니다. 그럴 위치가 되면 남을 괴롭히는 재미와 쾌감을 포기하지 못하는 거지요.

인간 모두의 본성이라는 생각이 들었어요."[22] 1990년 10월 4일 당시 대한민국 육군 이등병 신분으로 국군 보안사령부 민간인 사찰 내용을 폭로해 2년간 억울한 감옥 생활을 했던 윤석양이 2004년에 한 말이다.

"운동권은 학번 체계가 권력의 수단이며, 행정부는 행정고시 몇 회냐가 위계질서가 된다. 엘리트 계층일수록 질서를 나이로 잡는데 이를 깨지 않으면 고령사회를 극복할 수 없어 이에 대한 결단을 내릴 필요가 있다."[23] 국회의원 김근태의 말이다. 2005년 4월 28일 한국언론재단이 주최한 '고령사회 대응과 현안 과제'

라는 주제의 포럼에서 한 말이다.

"고작 스무 살에 불과한 친구들이 입학과 동시에 서로를 외고 출신인지 아닌지, 외국에서 살아본 적 있는지 없는지, 그리고 강남 3구에 사는지 안 사는지에 따라 서로를 '당당하게' 구분 짓는다.……어떻게든 '나'의 가치는 드러내야 하고 남의 가치는 밟아야 한다."[24] 사회학자 오찬호가 『우리는 차별에 찬성합니다: 괴물이 된 이십대의 자화상』(2013)에서 한 말이다.

"개인이 아니라 소속 학교, 학과, 학번 등의 집단에 필요 이상의 의미를 부여하고 그에 따른 위계질서에 개인이 복종할 것을 강요하는 문화가 젊은 세대에까지 재생산되고 있다는 건 절망적인 일이다."[25] 판사이자 작가인 문유석이 『개인주의자 선언』(2015)에서 대학생들의 학교 서열 따지기 풍토에 대해 개탄하면서 한 말이다.

텔레비전에서 야생동물 프로그램을 보면 육식동물들은 무리 내의 서열을 확인하고 행사하는 데에 목숨을 건다는 걸 잘 알 수 있다. 혹 서열주의에 상처받은 사람이 있다면, 서열 따지기에 집착하는 인간은 그런 동물과 다를 게 없다는 사실에서 위안을 찾으면 어떨까? 아직 진화가 덜 된 사람은 경멸도 좋겠지만 동정으로 대하는 게 옳으리라.

힘을 가진 자들은
냉소적이지
않다

*

"냉소주의자는 맛이 간 이상주의자다." 미국 작가 앰브
로즈 비어스Ambrose Bierce, 1842~1914의 말이다. "냉소
주의자는 모든 것의 가격을 알지만 가치는 모르는 사람
이다." 영국 작가 오스카 와일드Oscar Wilde, 1854~1900
의 말이다. "냉소주의자는 마음의 눈에 외알 안경을 쓴
채 세상을 바라보는 사람이다." 미국 작가 캐럴린 웰스
Carolyn Wells, 1862~1942의 말이다.

이렇듯, 냉소주의에 대해 좋게 말하는 사람은 거
의 없다. 하지만 냉소주의에도 그럴 만한 이유가 있다.
"힘을 가진 자들은 냉소적이지 않다. 자신들의 사상을
집행할 수 있기 때문이다."[26] 영국 철학자 버트런드 러

셸Bertrand Russell, 1872~1970이 『게으름에 대한 찬양』 (1935)에서 한 말이다.

"지위가 높은 사람들일수록 더 위선주의적이거나 도덕주의적일 가능성이 많으며, 지위가 낮은 사람들일수록 냉소주의적이거나 자기위안적일 가능성이 많다." 미국 정치학자 새뮤얼 헌팅턴Samuel P. Huntington, 1927~2008이 『미국 정치론: 부조화의 패러다임』(1981)에서 한 말이다.

이어 헌팅턴은 미국 정치인 헨리 스팀슨Henry Stimson, 1867~1950이 자신의 회고록을 "내가 알고 있는 유일한 치명적 죄악은 냉소주의이다"는 말로 끝맺은 것에 대해 이렇게 논평했다. "미국의 기득권 사회의 중심적 인물이었던 스팀슨은 냉소주의의 대중적 죄악만을 문제 삼고 위선주의라는 기득권 사회의 죄악을 깨닫지 못했다."[27]

냉소주의와 위선주의 중 어떤 게 더 나쁜가? 우문愚問일 게다. 어느 것을 지목하건 사람들이 내심 갖기를 더원하는 건 위선주의일 가능성이 높다는 건 분명하다. 힘도 없고 지위도 낮은 사람에겐 위선의 기회마저 허용되지 않기 때문이다.

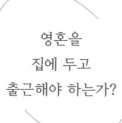

영혼을
집에 두고
출근해야 하는가?

*

"영혼이라도 팔아 취직하고 싶었다."[28] 2005년 2월 기아자동차의 한 부정 입사자가 검찰 조사를 받고 나오면서 고개를 떨군 채 한 말이다. 우여곡절 끝에 취직을 한다고 해도 영혼을 온전하게 지킬 수 있는 건 아니다.

"출근하면서 영혼을 사물함에 넣어두고, 퇴근하면서 영혼을 다시 꺼내오는 것 같다." 경제학자 우석훈이 『민주주의는 회사 문 앞에서 멈춘다』(2018)에서 인용한 삼성전자 직원의 말이다. 이에 대해 『경향신문』 논설고문 이대근은 이렇게 말했다.

"사실 한국인 거의 다 그렇게 산다. 회사 들어갈 때 시민권을 맡기고 대신 사원증, 즉 노예 문서를 목에 건

다. 물론 고위 간부가 돼 부하 직원을 부리며 살 수도 있다. 그렇다 해도 그들도 주체로서 당당한 삶을 살지는 못한다."[29]

"몰상식한 갑질에 상처받지 않기 위해선 '영혼을 집에 두고 출근해야 한다'고들 한다."『조선일보』기자 백수진이「'진상' 대처법」이라는 제목의 칼럼에서 한 말이다. 이어 그는 다음과 같이 말했다. "일명 '솔리스 Souless(영혼 없는)' 아르바이트생들이 요즘 젊은이들에게 공감을 얻는 이유다. 그러나 영혼 없는 기계처럼 일하는 것이 '진상'을 대처하는 유일한 방법이 될 순 없다. 돈을 얼마나 많이 내든, 화풀이로 타인의 인격을 짓밟을 순 없다. 누구의 월급에도 그런 값은 포함돼 있지 않다."[30]

이렇듯 자신의 영혼을 지켜야 할 투쟁이 전방위적으로 뜨겁게 벌어지고 있다. 과거에 비해 인권 의식이 향상된 탓에 벌어지는 일이겠지만, 왜 '진상'의 경우처럼 그런 세상의 흐름엔 아랑곳하지 않은 채 남의 영혼을 유린하는 데에서 삶의 의미와 보람을 찾는 인간이 많은 걸까? 그들의 영혼은 도대체 어떻게 생겨먹은 건지 그것이 알고 싶다.

너 자신으로
살지 말고
딴사람이 되어라

*

"사람들은 때때로 마치 두 개의 자아가 있기라도 한 것처럼 행동한다." 게임 이론으로 2005년 노벨 경제학상을 수상한 미국 경제학자 토머스 셸링Thomas C. Schelling, 1921~2016의 말이다. 이어 그는 이렇게 말한다. "하나는 청결한 허파와 장수를 바라는 반면에 다른 하나는 담배를 숭배한다. 하나는 애덤 스미스의 『도덕감정론』에 나오는 극기 이야기를 읽으면서 자기를 계발하려고 열심이지만, 다른 하나는 텔레비전에 나오는 옛날 영화를 보려고 한다. 이 둘은 서로 통제권을 쥐려고 끊임없이 다툰다."[31]

"자아는 하나가 아니라 셋이다." 미국 사회심리학

자 하이디 그랜트 할버슨Heidi Grant Halvorson이 『어떻게 의욕을 끌어낼 것인가』(2013)에서 한 말이다. 당신이 자신을 어떻게 생각하고 있는가 하는 '실제 자아actual self', 당신이 스스로에 대해 바라는 이상적인 모습인 '이상적 자아ideal self-guide', 당신이 반드시 되어야 한다고 생각하는 사람의 표상인 '당위적 자아ought self-guide' 등 세 가지가 있다는 것이다. 사람들은 이 세 자아를 정확히 구분하지 못해 심적 혼란을 겪기도 한다는 게 그의 주장이다.[32]

"졸업식 연사들은 항상 졸업생들에게 '너 자신으로 살라Be yourself'고 부르짖지만, 나는 '딴사람이 되라'고 말합니다." 미국 작가 로저 로젠블랫Roger Rosenblatt의 말이다. 이어 그는 이렇게 말한다. "다른 누군가가 여러분보다 더 낫다면 말입니다. 그러면 그 영혼을 차용하십시오. 이건 결코 농담이 아닙니다. 블라디미르 나보코프Vladimir Nabokov, 1899~1977는 이렇게 말합니다. 영혼이란 '존재의 방식manner of being'이지 항구적인 실체가 아니라고."[33]

그간 누린 게 많거나 정체성 문제로 갈등을 겪어 자기 자신에 대해 생각할 만한 것이 많은 사람에겐 자기 자신에 충실하다는 게 더할 나위 없이 중요한 것이겠지만, 사실 "나 자신이 뭐지?"라고 묻는 사람들에게

"너 자신으로 살라"는 말은 말장난일 수도 있다. 그러
니 딴사람이 되어 사는 것도 괜찮아 보인다면, 그렇게
하지 말아야 할 이유가 무엇이란 말인가?

자존감이
낮은 사람이
오만하다

*

"'오만arrogance'을 뜻하는 영어 단어는 본인이 소유하지 않은 것을 자기 소유로 주장한다는 의미의 '침해하다arrogate'라는 단어에서 나왔다." 독일 정신분석가 카렌 호나이Karen Horney, 1885~1952의 말이다. 미국 심리학자 테리 쿠퍼Terry D. Cooper는 『비판의 기술』(2006)에서 호나이가 오만의 어원을 자주 지적함으로써 "건전한 자존심과 신경증적인 자만(오만)은 천지 차이라는 점을 훌륭하게 발전시킨다"며 다음과 같이 말한다.

"오만한 겉모습 배후에는 과시와 신경증적인 자만으로 연약한 모습을 가려 보려는 유약한 자아, 불안정한 자아가 자리하고 있다. 여기에 호나이는 또 다른 통

찰을 덧붙인다. 자기 과장 배후에 불안감이 자리하듯, 낮은 자존감처럼 보이는 모습 배후에도 자기 과장이 도사리고 있다는 것이다.……만성적으로 낮은 자존감에 시달리는 사람들은 자신이 남보다 나아야 한다는

암묵적인 교만에 동조하고 있는지도 모른다. 그래서 호나이는 교만과 자기 경멸이 동전의 양면이라고 주장하는 것이다.[34]

  "오만하고 우월한 태도는 나르시시스트들의 불완전함이 들통나지 않도록 막아주는 보호벽 구실을 한다.……'오만'과 마주칠 때 우리가 보고 있는 것은 진짜 자부심이 아니요, 가치 없는 존재가 될까봐 두려워하는 비이성적이고 뿌리 깊은 공포일 뿐이다."[35] 미국의 심리치료사 샌디 호치키스Sandy Hotchkiss가 『사랑과 착취의 심리』(2002)에서 한 말이다.

  "우리가 정치 담론 속에서 느끼는 독선적 오만함은 우리 파벌의 무오류성에 대한 믿음 때문이거나, 진실은 도박의 대상쯤으로 여기고 권력을 성공의 척도로 보기 때문일 수도 있다."[36] 미국 철학자 마이클 린치Michael P. Lynch가 『우리는 맞고 너희는 틀렸다: 똑똑한 사람들은 왜 민주주의에 해로운가』(2019)에서 한 말이다. 이 또한 자존감의 문제일 수 있다. 개인으로서 자존감이 낮기 때문에 파벌이라는 집단의 권력에 의존하고 그 권력을 성공의 척도로 보는 게 아닐까?

제3장

가슴에 호소하지 말고
허영심에 호소하라

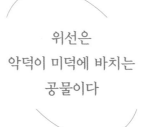

위선은
악덕이 미덕에 바치는
공물이다

＊

"위선은 악덕이 미덕에 바치는 공물貢物이다."[1] 풍자
와 역설의 잠언으로 유명한 프랑스 작가 라로슈푸코
François de La Rochefoucauld, 1613~1680의 말이다. '공물'
은 중앙정부와 궁중의 수요를 충당하기 위해 지방에 부
과하여 상납하게 한 물품을 말한다. 왜 악덕이 미덕에
게 그걸 바쳐야 하는가? 이는 위선이 그 기만성과 반反
도덕성에도 사회적으로 미덕이 악덕에 비해 우월하다
는 점을 끊임없이 시인하고 확인함으로써 미덕의 유지
와 확산에 도움을 준다는 뜻이다.

영국 소설가 윌리엄 서머싯 몸William Somerset Maugham,
1874~1965은 젊은 시절에 "위선은 악덕이 미덕에 바치

는 공물이다"는 말을 듣고 분노했다고 한다. 물론 나이가 든 후엔 자신의 관용이 부족했다는 걸 깨달았다는데, 그 사연을 좀 들어보자.

"젊은 시절의 나는 사람이라면 자신의 악덕을 제어하는 용기가 있어야 한다고 생각했다. 나는 정직, 정의, 진리의 이상을 품고 있었다. 나는 인간의 허약함이 못마땅한 것이 아니라 인간의 비겁함이 못마땅했다. 나는 망설이며 회피하거나 임기응변으로 벗어나려는 사람들을 용납하지 않았다. 당시의 나는 나보다 더 큰 관용의 대상은 없다는 사실을 조금도 생각하지 못했다."[2]

위선을 악덕이 미덕에 바치는 공물로 본다면 위선에 대해 조금이나마 너그러워질 수도 있겠지만, 그건 사회적 차원의 셈법이 아닌가 싶다. 우리 인간은 개별적으로, 자기중심적으로 생각한다. 구체적인 위선, 특히 자신과 관련된 일에서 상대방의 위선에 분노하는 사람에게 사회적 차원에선 좋은 점도 있으니 참으라고 말할 수 있을까? 아무리 생각해보아도 그런 너그러움을 베풀 여유가 있을 것 같진 않다.

허영심이 없으면
미덕은
오래가지 못한다

*

"허영심이 동반되지 않으면 미덕은 오래 지속되지 못한다."[3] 풍자와 역설의 잠언으로 유명한 프랑스 작가 라로슈푸코François de La Rochefoucauld, 1613~1680의 말이다. 그는 허영심에 관한 이런 명언도 남겼다. "우리가 다른 사람의 허영심을 눈감고 넘어갈 수 없는 것은 그 때문에 우리의 허영심이 상처를 입기 때문이다."[4]

"나보다 더 착한 자가 있다면 나는 죽을래야 죽을 수 없을 것이다." 프랑스 계몽사상가 장 자크 루소Jean Jacques Rousseau, 1712~1778의 말이다. 허영심이 강했던 그는 그 밖에도 수많은 자화자찬自畵自讚을 쏟아냈다. "나보다 더 훌륭한, 애정이 넘쳐나고, 또 감수성이

강한 그런 사람이 있다면 나에게 그 사람을 가르쳐달라." "내가 나를 평가할 수 있다는 것이 나에겐 위안이 된다." "유럽에 조금이나마 사리에 밝은 정부가 있다면 나의 동상을 세워주었을 것이다." "증오심을 느끼기엔 나는 너무 뛰어나다."[5]

영국의 보수 사상가이자 정치가인 에드먼드 버크 Edmund Burke, 1729~1797는 "루소의 강한 허영심은 최고로 악덕한 것이었으며 그야말로 미치광이 같은 짓이라고 할 만한 말들이었다"고 비난했다.[6] 루소를 어떻게 평가하건 그가 허영심에 대해 남긴 다음 말은 믿어도 좋을 것 같다. "바보가 아닌 사람은 모든 어리석은 짓을 그만둘 수 있지만 그렇게 할 수 없는 단 하나의 예외가 있다. 허영심이다."

루소가 허영심을 독하게 비난한 걸로 보아 자신의 허영심은 깨닫지 못했던 것으로 보인다. 하긴 허영심이란 건 그걸 가진 사람이 늘 스스로 알아챌 수 있는 건 아니다. 자선단체나 시민단체가 "어떻게 하면 기부금을 늘릴 수 있을까?"라는 문제로 고민을 한다. 이 분야의 일부 전문가들이 제시하는 해법은 명쾌하다. "가슴에 호소하지 말고 허영심에 호소하라."[7]

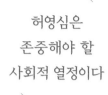

허영심은
존중해야 할
사회적 열정이다

*

"허영심은 사회적 열정이자 사람 간의 결속력으로서 존중되어야 한다." 스코틀랜드 철학자 데이비드 흄David Hume, 1711~1776의 말이다. 그는 허영심, 즉 '명성을 향한 욕구'는 사람들이 다음과 같은 이유로 세상에서 좋은 일을 하도록 만드는 데 도움이 된다고 주장했다.

"사람이 자신의 지위와 인격에 대한 고상한 개념을 가지면 당연히 그 개념에 맞춰 행동할 것이고, 자신이 상상하는 바람직한 모범에 도달하지 못하게 만드는 비천하고 타락한 행위를 경멸할 것이다."[8]

노르웨이 극작가 헨리크 입센Henrik Ibsen, 1828~1906의 '훈장 허영심'도 그런 관점에서 이해해주어야 하는 걸까? 그는 1870년 9월 잘 아는 덴마크의 법률가에게 쓴 편지에서 덴마크의 다네보르크 훈장을 받는 데 협력해달라며 이렇게 말했다. "덴마크의 훈장은 고국에서의 내 입장을 훨씬 탄탄하게 만들어줄 것이 틀림없습니다." 이와 관련, 영국 작가 폴 존슨Paul Johnson은 입센의 '훈장 허영심'에 대해 다음과 같이 말했다.

"입센은 훈장을 좋아했다. 훈장을 갖기 위해서라면 어처구니없는 일까지 했다. 그림을 잘 그린 그는 종종

매혹적인 금빛 훈장을 스케치했다.……덴마크의 철학자 게오르크 브란데스Georg Brandes가 처음으로 그와 만났을 때, 집에서도 훈장을 달고 있는 입센을 보고 놀랐다고 한다.……1878년에는 갖고 있는 훈장 모두를 착용하고 클럽 만찬에 나타난 것으로 전해지고 있다. 그중에는 개 목걸이 같은 훈장까지 몸에 달고 있었던 모양이다."9

입센이 바로 그런 허영심 때문에 『인형의 집』(1879)과 같은 명작들을 생산해낼 수 있었다면, 좋은 의미의 사회적 열정으로 존중해주어야지 어쩌겠는가? "허영이 혁명을 일으켰고, 자유는 오직 그 구실에 지나지 않았다"는 나폴레옹 보나파르트Napoleon Bonaparte, 1769~1821의 말은 어떻게 보아야 할까?10 프랑스혁명엔 명암이 있지만, 명明을 더 높게 평가한다면 이 또한 허영심의 공으로 돌릴 부분이 적지 않다는 데에 눈을 돌려야 할지 모르겠다.

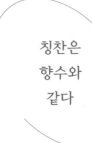

칭찬은
향수와
같다

*

"칭찬은 향수와 같다." 영국 작가 오스카 와일드Oscar
Wilde, 1854~1900의 말이다. 그는 "향을 내되 코를 찔러
서는 안 된다"는 말을 덧붙였는데, 지나치면 좋지 않다
는 뜻으로 이해하면 될 것 같다. 언론인 안재승은 좀 다
른 입장에서 이렇게 말했다. "칭찬은 향수와 같다. 향기
만 맡아야지 마시면 탈이 난다. 칭찬을 통해 용기를 얻
는 데 그쳐야지, 칭찬에 취해서는 안 된다."[11]

그렇다면 누군가를 칭찬에 취하게 만들어선 안 된
다는 관점에서 가급적 칭찬을 자제해야 할까? 미국
언론인 리처드 스텐걸Richard Stengel은 『아부의 기술』
(2000)에서 "누군가를 격려할 목적으로 지나치거나

과분한 칭찬을 해줄 때가 있는데, 그것은 결코 죄악이 아니다"며 다음과 같이 말한다.

"마음에 없는 칭찬인들 어떠랴! 마음에 없을지라도 칭찬은 칭찬이지 않는가. 내가 이렇게 주장하는 이유는, 오늘날 과도한 칭찬은 고사하고 칭찬 자체가 턱없이 부족하다는 판단에서다. 물론 연예인 등 유명 인사들을 우스꽝스럽고 천박하게 추켜세우는 경우는 허다하다. 하지만 나는 넘치는 칭찬을 말하는 것이 아니라, 당연한 칭찬을 주장하는 것이다. 칭찬해야 할 일이 있다면, 아낌없이 칭찬해야 한다."[12]

　칭찬이 의외로 매우 어려운 것이라는 생각이 든다. 없어도 문제, 많아도 문제다. 칭찬을 하건 하지 않건 도처에 칭찬에 대한 오해의 지뢰밭도 널려 있으니 더욱 그렇다. 그럼에도 "칭찬은 향수와 같다"는 말이 무난한 지침인 것 같다. 지나침은 모자람만 못하다는 과유불급過猶不及이라는 사자성어도 그래서 생겨난 게 아니겠는가?

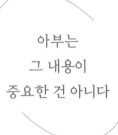

아부는
그 내용이
중요한 건 아니다

*

"아부를 하려거든 우아하게 하라." 이탈리아 외교관이
자 작가인 발다사레 카스틸리오네Baldassare Castiglione,
1478~1529가 르네상스 시대의 궁정 처세서 중 최고로
꼽히는 『조신론The Book of the Courtier』(1528)에서 한
말이다. 그는 "진짜 재주는 기술적으로 눈에 띄지 않게
하는 것이라고 말할 수 있다. 가장 중요한 핵심은 그렇
게 하는 것을 자연스럽게 숨기는 일이다"고 했다.[13]

　16세기엔 그랬는지 모르겠지만, 이후 우아하지 않
은 아부라도 환영하는 게 일반적인 문화가 되었다고
보아야 하지 않을까? "누구나 자신이 받은 칭찬에 기
꺼이 가치를 부여하고, 그 아부가 통찰력이 있는 것으

로 간주한다." 영국 작가 새뮤얼 존슨Samuel Johnson, 1709~1784의 말이다. 그는 다음과 같은 '아부 현실주의론'을 폈다.

"모든 아부를 문제시하고 아부꾼이 자신의 잘못을 알고 있을 뿐 아니라, 그것을 인정한다고 보는 태도는 인간의 본성과 삶에 대한 엄청난 무지의 결과이다. 도덕이나 법률이 아닌 경험과 비교의 관점에서 볼 때, 인간의 판단은 개인적인 친밀도에 영향을 받는다. 칭찬을 향한 소망이야말로 아주 훌륭한 소망이다."[14]

미국 철학자 랠프 월도 에머슨Ralph Waldo Emerson, 1803~1882도 "아부에 현혹당하지는 않을지라도 아부를 싫어하는 사람은 아무도 없다"며 이렇게 말했다. "사람들이 아부를 좋아하는 건 그 말을 곧이곧대로 믿어서가 아니라 자기 자신이 누군가 비위를 맞춰줘야 할 만큼 중요한 인물임을 실감케 되기 때문이다."[15]

중요한 인물임을 실감할 필요조차 없을 정도로 지위가 높은 사람들은 부하의 절대적 충성을 확인하고 싶어 하기 때문에 아부에 약하다. 그 어떤 경우이건 아부는 꼭 그 내용이 중요한 건 아니다. 우아하지 않은 아부일수록 아부를 하는 쪽의 충성심을 적나라하게 보여주는 것이기 때문에 환영을 받을 가능성이 높을 수도 있다.

비판은
쓸모가 없고
위험하다

*

"비판을 받지 아니하려거든 비판하지 말라. 너희가 비판하는 그 비판으로 너희가 비판을 받을 것이요."『신약성경』「마태복음」7장 1~2절 말씀이다. 언론인 서옥식은 『NIV 영어성경』엔 "Do not judge, or you too will be judged"로 나와 있는바, "심판하지 말라"를 오역한 것이며, "문제는 이처럼 오역된 구절을 일부 목회자들이 교인들의 건전한 비판을 막는 데 이용하고 있다는 점이다"고 말한다.[16]

그렇다. 비판은 장려되어야 한다. 이미 240여 년 전 독일 철학자 임마누엘 칸트Immanuel Kant, 1724~1804는 『순수이성비판』(1781)의 서문에서 다음과 같이 선언하지 않았던가? "우리 시대는 본래적으로 모든 것을 비판의 대상으로 삼아야 하는 비판의 시대이다.……이성은 비판에 의한 자유롭고 공개적인 시험에 견디어낼 수 있는 것만을 승인한다."[17]

그렇다고 해서 모든 경우에 다 비판을 장려하거나 긍정 평가할 수 있는 건 아니다. 공적 영역에서 비판과 사적 영역에서 비판이 다르다. 미국의 처세술 전문가 데일 카네기Dale Carnegie, 1888~1955는 『데일 카네기의 인간관계론』(1936)에서 "비판은 쓸모가 없다. 이는 사람을 방어적으로 만들며 자신을 정당화하기 위해 안간힘을 쓰게 한다"며 다음과 같이 말한다.

"비판은 위험하다. 이는 사람의 귀중한 긍지에 상처를 주고, 자신의 진가를 상하게 하여 적의를 불러일으키기 때문이다.……비난은 집으로 돌아오는 비둘기와 같다는 것을 명심하자. 비난은 항상 되돌아온다. 그리고 우리가 바로잡아주려고 하거나 비난하고 싶은 사람은 아마도 자신을 정당화하려 할 것이고 도리어 우리를 비난할 것임을 명심하자."[18]

데일 카네기의 계보를 잇는 미국의 자기계발 전문가 웨인 다이어Wayne Dyer, 1940~2015도 "모든 비판은 시간 낭비다. 다른 사람의 기분을 상하게 하는 데는 성공할지 모르지만, 당신을 불쾌하게 만든 상황은 절대

바뀌지 않는다"고 말한다.[19] 그래도 꼭 비판을 해야겠다면, 반드시 거쳐야 할 과정이 하나 있다. 그건 바로 상대와 처지를 바꿔 생각해보는 역지사지易地思之다.

신뢰는
습관적인
호혜 관계다

*

"신뢰는 사회의 복잡성을 줄이기 위한 메커니즘이다."[20] 독일 사회학자 니클라스 루만Niklas Luhmann, 1927~1998 의 말이다. 그 기본 원리는 쌍방성이다. 영국 사회학자 앤서니 기든스Anthony Giddens도 『기든스와의 대화』 (1998)에서 "신뢰가 효과적이려면 쌍방적이어야 한다. 신뢰는 맹목적일 수 없다"고 했다.[21]

"신뢰는 감정으로 단단해지는 습관적인 호혜 관계 다." 미국 언론인 데이비드 브룩스David Brooks가 『소 셜 애니멀』(2011)에서 한 말이다. 이어 그는 이렇게 말한다. "신뢰는 두 명의 사람이 서로에게 의지할 수 있다는 사실을 서서히 깨달으면서 쌓여간다. 그리고

얼마 지나지 않아 신뢰 관계에 속한 사람들은 서로 협력하는 것은 물론, 상대방을 위해 기꺼이 희생을 감수할 수 있게 된다."[22]

"신뢰는 민주주의가 제 기능을 다하기 위해서도 아주 중요하다. 민주주의를 하자면 타협이 필요하다. 타협을 하자면 모두가 약속을 지킨다는 신뢰가 필요하다."[23] 독일 언론인 클라우스 페터 지몬Claus Peter Simon이 『감정을 읽는 시간』(2013)에서 한 말이다.

모두 다 옳거니와 좋은 말이다. 영국 사회학자 바버라 미즈탈Barbara Misztal이 잘 정리했듯이, 신뢰에 대해선 이런 결론을 내릴 수 있겠다. "신뢰는 사회적 삶을 보다 예측 가능한 것으로 만들고, 공동체라는 인식을 창출하며, 사회들이 보다 쉽게 협력하게 하는 세 가지 기능을 수행한다."[24] 이 중 가장 인상적인 명언은 "신뢰는 감정으로 단단해지는 습관적인 호혜 관계"라는 말이 아닌가 싶다.

지혜란
냉담함의
알리바이다

*

"다른 사람의 지식으로 지식인이 될 수는 있지만, 다른 사람의 지혜로 지혜로운 사람이 될 수는 없다."[25] 프랑스 철학자이자 작가 미셸 드 몽테뉴Michel de Montaigne, 1533~1592의 말이다. "지혜는 지식과 의지와 감정이 결합된 것이다." 영국 철학자 버트런드 러셀Bertrand Russell, 1872~1970의 말이다. 이 말의 요지는 지혜의 성장이 따르지 않는 지식의 성장은 위험하다는 것이다.[26]

"지식은 전달할 수 있으나 지혜는 그럴 수가 없네. 지혜는 찾아낼 수도 있고, 그것에 따라 살아가고, 그것을 힘으로 쓰고, 그것으로 기적을 행할 수도 있네. 그러나 그것을 입 밖에 내어 말하고 남에게 가르칠 수는

없다네."[27] 독일 작가 헤르만 헤세Hermann Hesse, 1877~
1962의 말이다.

이렇듯 지혜를 긍정하거나 예찬하는 말은 무수히
많지만, 지혜를 비판하는 말은 찾기 어렵다. 그래서 프
랑스 철학자 에티엔 보른Etinne Borne, 1907~1993의 다
음 말이 예사롭지 않게 다가온다. "지혜란 너무 자주

냉담하거나, 냉담함의 알리바이다." 이에 대해 프랑스 철학자 베르트랑 베르줄리Bertrand Vergely는 다음과 같이 말한다.

"지혜는 악에 대해 발끈하는 대신 그것과 더불어 익숙해진다. 자신을 내놓고 헌신하지 않기 위해, 지혜는 온갖 그럴싸한 이유들을 만들어내고, 결국 만사 있는 그대로 괜찮다는 믿음을 주입하는 가운데 세상을 터무니없이 합리화하기에 이른다. 이때 지혜는 곧 헌신하지 않으려는 '열정'인 셈이다."[28]

무슨 말인지는 알겠지만, 좀 독하다는 생각이 든다. 그런 식으로 '지혜'를 오남용하는 사람들도 있겠지만, 단지 그런 사람이 밉다고 지혜 자체를 부정할 필요는 없지 않느냐는 생각이 든다는 것이다. 그런데 시간을 두고 좀더 생각해보면 우리의 일상적 용법에서 지혜라는 말이 그런 식으로 자주 쓰이고 있다는 걸 부인하긴 어려울 것 같다. 당신은 그런 적이 없었는지 잘 생각해보시라.

대형 참사보다
나의 치통이
더 중요하다

*

"이기주의는 인간 행동의 가장 강력한 원동력이고 개인적 이익의 추구는 다른 모든 도덕적인 생각보다 강하며, 인간은 자기 아버지의 죽음을 보는 것을 자기의 운을 상실하는 것보다 오히려 낫다고 생각한다."[29] 이탈리아 사상가 마키아벨리Niccolò Machiavelli, 1469~1527의 말이다.

"상대방이 대답하기 좋아하는 질문을 하라. 그들이 스스로 이룩한 성취에 대하여 말하도록 하라. 상대방은 당신이나 당신의 문제보다는 자신의 희망이나 문제에 백 배나 관심이 많다는 사실을 명심하라. 사람은 본래 백만 명을 희생시킨 중국의 기근보다 자신의 치통이 더 중요하다고 여긴다. 아프리카에서 발생하는 지진보다, 자기 눈앞의 이익이 훨씬 더 중요하다. 다음에 당신이 대화를 시작할 때는 이 점을 꼭 명심하라."[30] 미국의 처세술 전문가 데일 카네기Dale Carnegie, 1888~1955의 말이다.

"인간은, 모든 인간은 다른 사람의 목적에 부합하는 수단이 아니라 자기 자신을 위해 존재한다." 러시아 태생의 유대인으로 미국 소설가이자 철학자인 에

인 랜드Ayn Rand, 1905~1982의 말이다. 그는 『이기주의의 미덕』(1961) 등을 통해 이기주의를 찬양하는 등 극단적인 자유주의 철학을 내세우면서 다음과 같이 주장했다.

"인간은 스스로를 위해 살아야 한다. 다른 사람 때문에 자신을 희생해서도, 다른 사람에게 희생을 요구해서도 안 된다. 인간은 자신의 이익을 위해 일해야 하며, 자신의 행복 달성을 자기 삶의 가장 높은 도덕적 목표로 삼아야 한다."[31]

이기주의에 관한 이 세 주장에 동의하지 않을 사람도 많겠지만, 그런 정도의 이기주의야 당연한 게 아니냐고 생각할 사람도 있을 게다. 아일랜드 작가 오스카 와일드Oscar Wilde, 1854~1900의 다음 주장은 이기주의에 대한 하나의 판단 기준일 수도 있겠다. "이기심은 자기 삶을 원하는 대로 사는 것이 아니다. 남들에게 자기가 원하는 대로 살아달라고 요구하는 것이다."[32] 어느 조직에건 꼭 남에게 무리한 부탁을 하거나 일을 미루어 피해를 주는 사람이 있기 마련이다. 바로 그런 사람을 두고 하는 말로 이해해도 무방할 게다.

우리의 자기애가
천재 숭배를
조장한다

*

"어차피 짧은 인생, 못난 자들이 우쭐거리는 꼴을 보는 것도 잠시 동안의 괴로움일 뿐이다."[33] 프랑스 사상가 볼테르Voltaire, 1694~1778의 말이다. 중등학교 시절부터 친구들과는 수준이 맞지 않아 휴식 시간에 교사들과 한담을 나누었다는 인물이니,[34] 천재의 괴로움으로 이해해도 무방할 것 같다.

"우리의 허영심과 자기애가 천재 숭배를 조장한다. 왜냐하면 천재를 마법적인 존재로 생각한다면 우리 자신과 비교하고 우리의 부족함을 느끼지 않아도 되기 때문이다."[35] 독일 철학자 프리드리히 빌헬름 니체 Friedrich Wilhelm Nietzsche, 1844~1900의 말이다.

"모든 사람은 천재다. 하지만 물고기들을 나무 타기 실력으로 평가한다면, 물고기는 평생 자신이 형편없다고 믿으며 살아갈 것이다."[36] 세계적인 물리학자 알베르트 아인슈타인Albert Einstein, 1879~1955의 말이다. 그는 자신이 천재라는 말에 대해서도 한마디로 일축했다. "나는 똑똑한 것이 아니라 단지 문제를 오래 연구할 뿐이다."[37]

"나를 천재로 대우해주지 않은 것을 절대 용서할 수 없다. 왜 내게 필요한 교육을 시키지 않고 다른 아이들처럼 카우보이가 되라고 계속 강요했단 말인가? 나는 달랐다. 나는 항상 다른 아이였다."[38] 영국 가수 존 레넌John Lennon, 1940~1980이 자신의 재능을 알아주지 않았다며 학교 선생님과 자신을 길러준 숙모를 비난하면서 한 말이다.

"천재의 삶은 대부분의 시간이 끔찍하지 않으면 고되다."[39] 프랑스 철학자 베르트랑 베르줄리Bertrand Vergely가 『행복 생각』(2002)에서 한 말이다. 천재는 자기 시대를 훌쩍 앞지르기 때문에 항상 이해받지 못하면서 노골적으로 거부당하기 쉽기 때문에 고독해질 수밖에 없다. 특히 자기 동료나 또래에게서 외면당하기 십상인데다 시기와 질투의 대상이 되기 때문에 어찌 끔찍한 삶이 아니겠느냐는 것이다. 그러한 고통과 고난을 피해 가려면 천재가 되더라도 좀 어중간한 천재가 되는 게 좋겠다.

제4장

사랑하는 동시에
현명하다는 것은
불가능하다

심장엔
이성이 모르는
논리가 있다

*

"사랑은 맹목적인 것이다. 사랑은 눈을 멀게 한다." 영국 문학의 아버지로 불리는 제프리 초서Geoffrey Chaucer, 1343~1400의 말이다. "사랑하는 동시에 현명하다는 것은 불가능하다." 영국 철학자 프랜시스 베이컨Francis Bacon, 1561~1626의 말이다.

"심장에는 이성이 알지 못하는 논리가 있다." 프랑스 사상가 블레즈 파스칼Blaise Pascal, 1623~1662의 말이다. 그는 기계식 계산기를 발명했지만, 사랑의 예측 불가능성이라는 수수께끼는 풀 수 없었다. 영국의 정신요법 의사 데이비드 브레이저David Brazier는 『사랑과 실망』(2009)에서 이런 결론을 내렸다. "사랑은 본질적

으로 측정 불능이다."[1]

"사랑에 마음의 평화란 있을 수 없다. 사랑을 통해 얻는 것은, 더한 욕망의 새로운 출발점 이외에 아무것도 아니기 때문이다."[2] 프랑스 작가 마르셀 프루스트Marcel Proust, 1871~1922의 말이다. "사랑하기 전에 사랑의 대상을 잃을 수 있다는 걸 인식하라."[3] 영국 작가 길버트 체스터턴Gilbert K. Chesterton, 1874~1936의 말이다.

미국 역사학자 스티븐 컨Stephen Kern은 『사랑의 문화사: 빅토리아 시대에서 현대까지』(1992)에서 "사랑에 대한 기다림은 '유일한 한 사람'이 나타나서 사랑이 싹트는 순간, '지금이 아니면 결코 오지 않을' 최고의 순간에 초점이 맞춰져 있다"고 지적했지만,[4] 그게 착각이건 기만이건 무슨 상관이랴. 미국 작가 존 치아디John Ciardi, 1916~1986는 "사랑은 젊은이의 성적 흥분, 중년의 일상적 습관, 노년의 상호 의존에 딱지를 붙이기 위해 사용된 단어다"고 주장했다지만,[5] 심장엔 이성이 모르는 논리가 있는 걸 어이하랴.

결혼은
자격증이 필요한
특권이다

*

"일반적인 법칙에 따르면 남자는 자신보다 사회적 조
건이 낮은 여자와 결혼을 하고, 따라서 여자는 자기보
다 사회적 조건이 높은 남자와 결혼한다. 그 결과 사회
적 수준이 가장 낮은 남자들과 사회적 조건이 가장 높
은 여자들 가운데 미혼자가 가장 많다. 파트너가 없기
때문이다."[6] 프랑스 작가 미셸 투르니에Michel Tournier,
1924~2016가 『외면일기: 미셸 투르니에 산문집』(2002)
에서 한 말이다.

이는 프랑스뿐만 아니라 세계적인 현상이지만, 특히
한국에서 심해 세계에서 가장 낮은 출산율을 기록하는
데에 일조했다. 『한국일보』 기자 강윤주는 2023년 6월

「단칸방 사랑에 코웃음친 절반세대…"결혼은 자격증 필요한 특권"」이라는 기사에서 다음과 같이 말했다.

"'결혼은 중산층 이상의 문화'가 됐다는 한 소설가(김영하)의 평처럼 대한민국에서 결혼·출산은 일종의 '특권'이 됐다. 부모가 집을 물려주거나 결혼 자금을 지원해줄 수 있느냐에 따라 '수저론'이 시작되고, 본인이 전문직으로 고소득이 가능하냐에 따라 '라이선스 만능론'이 위력을 발휘한다. 비슷한 수준의 사람끼리 만나 가정을 꾸리는 '그들만의 리그'가 된 결혼은 한국 사회에서 대물림되는 계급을 드러내는 인증마크다."[7]

미국 경제학자 제러미 그린우드Jeremy Greenwood는 2014년 "동류교배assortative mating, 즉 고학력자끼리 결혼하여 고소득을 올리는 경향으로 인해 결혼이 소득 불평등의 주요 요인이 되었다"고 했다.[8] 이것도 심각한 문제이긴 하지만, 결혼이 가진 자의 특권이 되어가고 있는 문제에 비추어보면 비교적 한가한 고민이라는 게 우리가 당면한 비극이다.

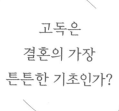

고독은
결혼의 가장
튼튼한 기초인가?

*

"홀로 있을 때 불행하다. 불행은 고독에서 비롯된다."[9]
프랑스의 가톨릭 신학자 자크베니뉴 보쉬에Jacques-
Bénigne Bossuet, 1627~1704의 말이다. "고독이 내 최고
의 두려움이다." 프랑스 계몽사상가 장 자크 루소Jean
Jacques Rousseau, 1712~1778의 말이다. 그는 "나는 나 자
신과 홀로 있을 때의 권태가 두렵다"고 했다.[10]

　"고독은 이성에 위해를 가하며, 덕에 유익하지
도 않다. 고독한 인간은 틀림없이 사치스럽고, 미신
에 빠질 가능성이 높으며, 정신 이상일 가능성도 있다
는 사실을 기억하라."[11] 영국 작가 새뮤얼 존슨Samuel
Johnson, 1709~1784의 말이다. 고독에 대한 최악의 평가

가 아닌가 싶다. 그런데 사람에 따라 고독을 고립이나 외로움의 의미로 쓴 경우도 있어 다소 주의가 필요하긴 하다. 특히 번역 과정을 거쳐야 하는 외국인들의 말은 더욱 그렇다.

"고독은 어쩌면 결혼의 가장 튼튼한 기초다." 독일 사회학자 울리히 벡Ulrich Beck, 1944~2015의 말이다. 고립될지도 모른다는 두려움이 사람들을 결속시킨다는 것이다.[12] 옛날이야기다. 고립이 두려움을 넘어서 일상의 현실이 되면 결속보다는 오히려 분리를 촉진한다. 현재 한국이 기록하고 있는 세계 최저 출산율을 보면 아무래도 그런 것 같다.

"서울을 생물학 종에 비유한다면 이미 멸종의 길에 들어섰다." 서울대학교 보건대학원 교수 조영태가 2022년 한국의 합계 출산율이 세계 최저인 0.78, 그 중에서도 서울시가 0.59를 기록한 것을 두고 한 말이다. 그는 "한국의 출산율이 유독 떨어지는 근본적인 원인은 서울과 수도권으로의 엄청난 집중"이라고 했는데,[13] 서울의 높은 인구밀도는 심리적으로 결속보다는 분리를 선호하게 만든다. 비싼 주거비용과 희망조차 가질 수 없는 암담한 미래는 청춘 남녀에게 원룸과 고시원의 삶을 강요하면서 분리에 적응하도록 만든다. 치열한 경쟁으로 인해 사람들에게 치이는 게 일상인 사회에서 결혼은 미친 짓이 될 수밖에 없을 게다.

정의보다는
어머니를 먼저
지킬 것이다

*

"국가에 대한 헌신과 미국 시민으로서 품은 충성심과
의무감만으로, 나는 가족, 아이들, 집을 뿌리칠 수 없었
다." 미국 남북전쟁(1861~1865) 때 남군을 이끌었던
장군 로버트 리Robert E. Lee, 1807~1870의 말이다. 남북
전쟁이 발발했을 때 국가에 대한 헌신과 분리주의가 지
배하는 버지니아에 사는 가족 사이에서 고뇌했던 그는
결국 가족을 선택하면서 여동생에게 쓴 편지에서 그렇
게 말했다.[14]

　"나는 정의를 믿는다. 하지만 나는, 정의보다는 어
머니를 먼저 지킬 것이다." 프랑스 작가 알베르 카뮈
Albert Camus, 1913~1960의 말이다. 알제리에서 태어난

카뮈는 1957년 프랑스 제국주의에 대항해 무장 독립 투쟁을 하던 알제리 독립운동가를 추모해달라는 요청을 받았을 때 거절했다. 무장 테러로 '나의 어머니, 나의 가족도 죽을 수 있다'는 이유 때문이었다. 그는 더 나아가 그들을 테러리스트라고 비난했다. 이와 관련, 미국 작가 에릭 펠턴Eric Felten은 『위험한 충성: 충성과 배신의 딜레마』(2011)에서 다음과 같이 말한다.

"가족에 대한 카뮈의 충직한 헌신은 가족을 보호하지 않는 국가에 충성하지 말 것을 요구했다. 그는 이러한 자신의 생각을 강렬한 도덕성이라 판단하여, 당시 유행하던 무장 폭력의 정당성을 뒷받침하던 도덕적 추상성에 동참하지 않았다.……바로 이런 이유로, 무자비한 전체주의 이데올로기에서 가족은 장애물로 취급된다. 나치와 소비에트는 시민이 충성할 유일한 대상이 국가가 되도록 하기 위해 가족 간의 유대를 끊으려 노력했다. 이처럼 가족을 감시하고 고발하라고 요구하는 '정의'는 늘 경계해야 한다."[15]

맞다. 우리는 그런 '정의'는 늘 경계해야 한다. 아니 그건 정의가 아니다. 정의일 수 없다. 그러나 동시에 우리는 지나친 가족주의의 폐해에 대해서도 주의를 기울여야 할 것이다. 미국 정치학자 에드워드 밴필드 Edward Banfield, 1916~1999는 가족의 이익을 위해서라면 부정부패도 서슴없이 저지르는 가족주의를 가리켜 '무도덕적 가족주의amoral familism'라고 했는데,[16] 그런 가족주의마저 옹호할 수는 없잖은가 말이다.

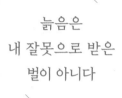

늙음은
내 잘못으로 받은
벌이 아니다

*

"인생이란 노인이 보고 겪은 나라다. 아직 인생의 나라를 여행하지 못한 사람들은 노인에게 길을 물어야 할 것이다."[17] 프랑스 작가 조제프 주베르Joseph Joubert, 1754~1824의 말이다. 이젠 씨알도 먹히지 않을 옛날 주장이요 이야기가 되어버리고 말았다.

"노년은 유일하게 평균적인 죽음의 연령이 되었기 때문에 두려움이 대상이 되고 있다." 영국 작가 로널드 블라이스Ronald Blythe, 1922~2023의 말이다. '노인의 역사'를 추적한 그는 노인은 귀찮은 존재일 뿐 아니라 죽음의 전조前兆이기 때문에 기피된다고 했다.[18]

멕시코 소설가 카를로스 푸엔테스Carlos Fuentes,

1928~2012의 소설 『테라 노스트라Terra Nostra』(1975)
의 주인공은 "이전의 아름답던 연인이 이제 구역질 나
는 늙은 여인"으로 변해 있음을 발견하고, 이러한 쇠
락은 "시간보다 더 나쁜 것으로" 질병이나 엄청난 불

행이 작용하는 것이라고 생각했다.[19]

"노인을 사람으로 보지 말자." "노인을 돈으로 보자." 2011년 울산에서 노인들을 상대로 건강식품 사기 판매를 해오던 조직이 경찰에 붙잡혔을 때, 압수된 그들의 영업 전략 노트엔 그런 메모가 쓰여 있었다고 한다.[20] 이들에게 돌을 던질 수 있는 사람들이 얼마나 될지 모르겠다. '경로敬老'는 옛말이고 '혐로嫌老'라는 말까지 나올 정도로 사이버공간에선 노인을 경멸하는 언어가 쏟아지고 있으니 말이다.[21]

그러나 재벌 회장처럼 돈 많은 노인은 예외다. 돈 없는 노인들이 내지를 수 있는 항변은 아마도 이런 정도일 게다. "너희 젊음이 너희 노력으로 얻은 상이 아니듯, 내 늙음도 내 잘못으로 받은 벌이 아니다."[22] 영화 〈은교〉(2012)의 주인공 이적요(박해일 분)의 말이다.

물론 이적요는 전혀 다른 맥락에서 한 말이지만, 이 말은 '임계장(임시 계약직 노인장)'과 같은 가난한 노인들에게 더 어울리는 말일 수 있다. "돈 많으면 자식들이 함부로 하기는커녕 잘 보이려고 계속 애쓰더라." 노인들의 한결같은 증언이다. 노인 박대는 '돈과 계급의 문제'일 수도 있다는 걸 말해주는 게 아닐까?

오장육부까지
아름다워야
속이 시원한가?

*

"미모는 가죽 한 꺼풀에 지나지 않는다." 누가 만든 말인지는 알 수 없지만, 1613년 영국 시인 토머스 오버버리 경Sir Thomas Overbury, 1581~1613이 쓴 글이 최초의 기록이다. 같은 맥락에서 영국 시인 존 던John Donne, 1572~1631은 "미모에 혹한 사랑은 미모처럼 곧 사라진다"고 했다.[23]

그런데, 과연 진심으로 한 말일까? 미국 시인 도로시 파커Dorothy Parker, 1893~1967의 이런 응수는 어떤가? "그 말도 사실이지만 못생긴 경우는 뼛속까지 고통이겠죠."[24] 미국 작가 진 커Jean Kerr, 1922~2003는 한 걸음 더 나아가 이런 반론을 제기했다. "미모는 한낱

가죽 한 꺼풀이라는 이 모든 난센스, 이젠 지겹다. 가죽 한 꺼풀이면 충분히 깊은 거 아닌가? 도대체 뭘 원하는 건가? 오장육부伍臟六腑까지 아름다워야 속이 시원한가?"[25]

아름다움이란 보는 사람의 눈에 있다? 관점의 문제다? "미모는 가죽 한 꺼풀에 지나지 않는다"는 말처럼 우리가 자주 듣는 말이지만, 과연 그런가? 독일 정신과 의사 울리히 렌츠Ulrich Renz는 『아름다움의 과학』(2006)에서 아름다움이란 보는 사람의 눈에 따라 다른 상대적인 개념이 아니라 그저 슬쩍 보기만 해도 파악할 수 있는 키나 몸무게 혹은 머리색처럼 정량화할 수 있는 객관적인 개념이라고 주장한다.[26]

렌츠는 "아름다움이란 절대 상대적인 개념이 아니다. 계층·문화·지역을 넘어서, 또 나이·직업·성性과는 별개로, 아름답다고 인식되는 얼굴은 어디서나 같다"며 다음과 같이 말한다.

"물론 기호의 차이나 유행, 변덕은 있을 수 있다. 확고하게 규정된 '이상적인 아름다움'이란 존재하지 않는다. 60억 개의 아름다움이 있을 뿐이나, 그 60억 개의 아름다움은 놀랄 정도로 겹치는 부분이 많다. 그것들은 다 공통적인 핵심, 즉 모든 시대와 문화를 연결하는 보편적인 일치를 포함하고 있다. 결국 아름다움의

방언에는 어느 정도 구분이 있을지 몰라도 그들의 언어는 언제 어디서나 똑같다는 것이다."[27]

이 주장에 대한 독자들의 반응이 궁금하다. 자신의 외모를 강점으로 생각하는 사람은 긍정, 약점으로 생각하는 사람은 부정을 할 가능성이 높을 것 같은데, 아닌가?

페미니스트들은
아름다움을
비난하지 마라

*

"페미니스트들은 아름다움을 엉터리로 치부하는 일은 그만두어야 한다. 대신에 아름다움으로부터 배우며, 그 영향력을 즐기고 단단히 보관하는 방법을 마스터해야 할 것이다."[28] 미국 작가 낸시 프라이데이Nancy Friday, 1933~2017가 『아름다움의 힘』(1996)에서 한 말이다.

미국 심리학자 낸시 에트코프Nancy Etcoff도 『미美: 가장 예쁜 유전자만 살아남는다』(1999)에서 "여자들이 외모 때문에 시간을 낭비할 필요만 없다면 훨씬 더 많은 것을 성취할 것이라는 생각은 한마디로 난센스다"고 단언한다. 이어 그는 다음과 같이 말한다.

"여자들이 더 많은 것을 성취하는 것은, 아름다움

을 포기할 때가 아니라, 법적이고 사회적인 권리와 특전을 얻게 될 때다. 우리가 그 아름다움을 즐기지 못한다면 이 세상은 한층 더 생기를 잃을 뿐이다. 물론 우리가 아름다움에 얽매어 있다면 문제가 되겠지만, 여자들에게 힘을 주는 원천의 하나를 깎아내리는 데 급급하지 말고, 페미니스트들이 여자들의 힘의 모든 원천을 고양시키는 노력을 한다면 좀더 유용할 것으로 보인다."[29]

아름다움의 이점을 누릴 수 없는 사람들은 아름다움의 수명이 짧다는 데에서 위로를 찾는 게 어떨까? "가인박명佳人薄命, Beauties die young"이란 말도 그래서 나왔을 게다. 독일 정신과 의사 울리히 렌츠Ulrich Renz가 『아름다움의 과학』(2006)에서 한 다음 말이 가슴에 와닿는다.

"아름다움은 언젠가는 끝이 나기 마련이다. 왜냐하면 아름다움은 어느 면에선 인생 그 자체이기 때문이다. 인생의 진수, 인생의 꽃, 새로운 삶의 출구, 어쩌면 그 반대일 수도 있다. 그 때문에(인생 그 자체이기 때문에) 아름다움은 이미 그 안에 죽음의 씨앗을 품고 있다. 어쩌면 그래서 우리를 더욱 자극하는 것인지도 모른다."[30]

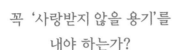

꼭 '사랑받지 않을 용기'를
내야 하는가?

*

"영혼에는 성별이 없다." 영국 작가 메리 울스턴크래프
트Mary Wollstonecraft, 1759~1797가 『여성의 권리옹호』
(1792)에서 한 말이다. '여성의 인권을 주장한 최초의
페미니스트'로 알려진 그는 상당수 여성이 '이성적 존
재가 아닌 감정의 동물처럼 행동하는 것'은, 여성을 도
덕적으로 올바른 존재로 만들기보다는 '보호받는 새'
처럼 가르쳐온 그릇된 교육의 결과였다고 말했다.[31]

　"남자가 똑똑한 말을 할 때마다 매번 멍청하게 미소
짓는 일 따위는 하지 말자." 독일 언론인이자 여성운동
가인 알리스 슈바르처Alice Schwarzer가 『사랑받지 않을
용기』(2007)에서 한 말이다. 그는 자기 일도 포기하고

오직 남자를 위해 희생하는 여성들처럼 사랑이 가부장제의 굴레로 빠져드는 문제를 지적하면서 이렇게 외쳤다. "여성들이여, 사랑받지 않을 용기를 내라!"[32]

"나는 내가 나쁜 년이 아님을 증명하는 데 인생을 너무 낭비해버렸다." 미국 작가이자 여성운동가인 엘렌 스노틀랜드Ellen Snortland가 『미녀, 야수에 맞서다: 여성이 자기방어를 시작할 때 세상은 달라진다』(2014)에서 한 말이다. 그는 "'나쁜 년bitch'은 언어적 무기이다. 건방진 여자들을 통제하려고 혹은 잘난 체하는 여자들의 말문을 듣게 하려는 목적으로 사용된다"며 "'나쁜년스러움'을 당당하게 보여주자"고 역설한다.[33]

'나쁜년스러움'을 당당하게 보여주기 위해선 '사랑받지 않을 용기' 이상의 용기가 필요할 텐데, 혹 일반적인 평범한 여성에게 너무 많은 걸 요구하는 건 아닌가? 약 10년 전 통계이긴 하지만, 자기 자신을 페미니스트로 규정하는 여성은 미국에서 29퍼센트, 영국에서 42퍼센트에 지나지 않았다.[34] 페미니스트가 되기 위해선 '사랑받지 않을 용기'처럼 갖춰야 할 게 너무 많고 어려워서 그런 건 아닌지 생각해볼 필요가 있겠다.

여성은
남성의
프롤레타리아였다

*

"추상적이면서 사변적인 진리나 원리, 과학의 공리에
대한 탐구 그리고 이념을 일반화하는 경향이 있는 모든
것은 여성의 영역과는 무관하다." 프랑스 계몽사상가
장 자크 루소Jean Jacques Rousseau, 1712~1778가 『에밀』
(1762)에서 한 말이다. 이어 그는 이렇게 말한다. "여성
의 학문은 모두 실천적인 것이어야 한다. 남성이 발견
한 원리를 응용하고, 오목조목 관찰해서, 남성이 이를
통해 원리를 확립할 수 있도록 뒷받침해주는 것이 바로
여성의 임무이다."[35] 평등에 목숨을 건 것처럼 굴었던
루소마저 이 수준이었다는 건 무얼 말해주는가?

　"여성은 남성의 프롤레타리아다." 독일 사상가이자

경제학자인 카를 마르크스Karl Marx, 1818~1883의 말이다. 이 말을 인용한 프랑스 작가 미셸 투르니에Michel Tournier, 1924~2016는 이제 세상은 달라지고 있다며 이렇게 말한다.

"그러나 시대가 지나가면서 여성은 육체적인 힘과 경제적인 독립을 쟁취하게 되었다. 모성의 부담은 점점 더 가벼워지고 있다. 어쩌면 순수한 모계사회가 도래할지도 모른다는 전망도 가능하다. 그런 사회가 되면 남자들은 여자들의 쾌락에나 이용되는 장난감 신세로 전락하게 될지도 모른다."[36]

적어도 20세기 들어 남자들이 여자들의 장난감 신세는 아닐망정 농담의 소재로 이용될 만큼 세상이 달라져간 건 분명했다. "여자는 20년 동안 아들을 길러 남자로 만드는데 애인이 나타나 20분이면 그를 바보로 만들 수 있다."[37] 미국 여성 언론인 헬렌 롤런드Helen Rowland, 1875~1950의 말이다.

"두뇌는 만약 숨기기만 한다면 하나의 재산이다." 미국 여배우 메이 웨스트Mae West, 1893~1980의 말이다. 인류학자 헬렌 피셔Helen E. Fisher의 해설에 따르면, "여성들은 필요하다면 벙어리 행세도 할 만큼 영리하다. 그렇지만 여성들이 대체로 자신의 재능을 숨기려 들지 않는 곳이 바로 교실이다. 여성들은 배우는

데 무척 흥미를 느낀다."[38]

　"성공한 남자는 자기 배우자가 모두 쓸 수 없을 만
큼 많이 버는 사람이고 성공한 여자는 그러한 남자
를 찾은 여자다."[39] 미국 여배우 라나 터너Lana Turner,
1921~1995의 말이다.

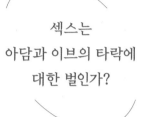

섹스는
아담과 이브의 타락에
대한 벌인가?

*

"1911년이 되어서도 유럽의 부부는 상대방 앞에서 옷 벗는 것을 부끄러워하고, 성교하기 전에는 불을 꺼야 한다고 생각했다." 독일 출신의 이탈리아 사회학자 로베르트 미헬스Robert Michels, 1876~1936가 개탄조로 한 말이다. 그는 여성들이 자신의 성적 감정을 부끄러워하며 숨기고 위장했다고 했다. 정숙한 척하는 몸짓을 개발해 남성을 혼란에 빠트렸기 때문에 남성들은 교태 부리는 것과 진심으로 거부하는 것을 구별하기가 점점 힘들어졌다는 것이다.[40]

"아담과 이브가 타락하자 그 벌로 그들에게 섹스가 주어졌다는 얘기가 있다." 영국 철학자 버트런드 러셀

Bertrand Russell, 1872~1970이 1931년에 발표한 「섹스와 행복」이라는 글에서 한 말이다. 그는 "오늘날 그것의 작용을 지켜본 바로는 이 견해에 동의하고 싶어진다"며 다음과 같이 말했다.

"내가 아는 청춘남녀들 거의 전부가 섹스의 작용 때문에 이런저런 격통을 겪는다. 독자 여러분은 가슴에 손을 얹고 말할 수 있는가? 나는 섹스와 그 결과들에서 고통보다는 기쁨을 더 많이 느낀다고."[41]

이 말을 통해 우리는 러셀이 섹스를 별로 즐기지 못했다는 걸 미루어 짐작할 수 있겠다. 섹스로 인해 기쁨보다는 고통을 더 많이 느낀다고 한들, 그 고통마저 즐기겠다는 게 우리 인간 아닌가? 그걸 별로 여길 사람은 많지 않을 것 같다.

"섹스를 자주 하는 사람들이 행복하다." 미국 경제학자 데이비드 블랑슈플라워David Blancheflower가 2004년 1만 6,000명의 미국인을 상대로 진행한 설문조사를 분석한 연구에서 내린 결론이다. 전반적으로 가장 행복한 응답자들은 섹스를 가장 자주 하는 사람들이었다고 한다. 그래서 이런 부수적 결론까지 이르렀다. "돈보다 섹스가 행복에 있어 훨씬 더 중요하다."[42]

제5장

상상만이 세계를
지배할 수 있다

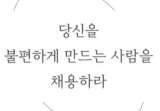

당신을
불편하게 만드는 사람을
채용하라

*

"처음에 모순적이지 않은 아이디어는 희망이 없다."[1]
세계적인 물리학자 알베르트 아인슈타인Albert Einstein,
1879~1955의 말이다. "천재들조차 자신의 아이디어가
호응을 얻을지 판단하는 데 서툴다." 미국 심리학자 딘
사이먼턴Dean Simonton이 1999년에 발표한 논문에서
한 말이다. 그는 "자신이 작곡한 교향곡, 소나타, 4중주
가운데 베토벤 자신이 가장 아낀 작품들은 후세가 가장
자주 연주하고 녹음한 곡들이 아니었다"고 했다.[2]

"사람들이 가장 멍청하다고 생각하는 아이디어를
보호하기가 가장 쉽다. 새로운 사업 모델의 경우 특히
더 그렇다고 생각한다. 멍청한 생각이기 때문에 두려

운 나머지 이를 따라 할 사람들이 없기 때문이다."[3] 미국 인큐베이팅업체 아이디어랩의 CEO 빌 그로스Bill T. Gross의 말이다.

사원을 채용하는 것도 마찬가지다. 남을 배려하고 친화력이 좋은 사람은 칭찬받아 마땅하지만 '아이디어'와는 거리가 멀다는 게 문제다. 세계적 디자인 기업 IDEO의 창업자이자 회장인 데이비드 켈리David M. Kelley는 "회사 내의 디자이너들이 새로 온 직원을 싫어하거나 적어도 불편해한다면 이는 사람을 제대로 골랐다는 의미다"고 말한다.[4] 미국의 제품 디자이너 피터 스킬먼Peter Skillman은 "당신을 불편하게 하는 사람을 채용하라. 그래야 새로운 아이디어를 얻을 수 있다"고 했다.[5]

그러나 아이디어는 전혀 없으면서 다른 사람들을 불편하고 불쾌하게 만드는 사람도 있다는 걸 각오해두는 게 좋겠다. 아무리 아이디어가 좋아도 합리적인 소통이 가능한, 그래서 스트레스를 받지 않을 사람과 같이 일하고 싶다는 기업이나 CEO도 있을 게다.

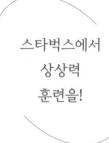

스타벅스에서
상상력
훈련을!

*

"지식은 한정되어 있다. 상상만이 세계를 지배할 수 있다."[6] 세계적인 물리학자 알베르트 아인슈타인Albert Einstein, 1879~1955의 말이다. 그는 "상상력은 우주를 품고도 남는다"며 "상상력이 지식보다 더 중요하다"고 했다. 또 그는 "내 자신과 내 사고의 방법을 돌이켜보면 좋은 지식을 흡수하는 능력보다는 상상하는 능력이 나에게 더 큰 의미가 있었다는 결론에 이르게 된다"고 했다.[7]

"상상력은 유감스럽게도 종종 오해되는 개념이다. 많은 사람들은 와인 한 잔으로 이성적 사고를 약간 늦출 때 상상력이 발동하리라고 생각한다. 하지만 그렇게 해서는 이미 생각했던 것들 외에 나올 것이 없다.

상상은 가능한 결과들을 끝까지 집중해서 생각하는 것이다. 상상력의 마지막 한 방울까지도 짜내서 말이다. 그렇다. 상상은 힘든 일이다."[8] 스위스 작가 롤프 도벨리Rolf Dobelli의 말이다.

상상력에 대한 그런 오해를 풀기 위해선 "왜 미국은 9·11 테러를 알아차리지 못했을까?"라는 질문을 던져보는 게 좋겠다. 미국 국가안보회의는 이 질문에 대해 '상상력의 실패'라는 답을 내놓았다. 그래서 이후 미국 정부는 테러리스트들의 추가 도발을 예측하기 위해 SF소설 작가, 할리우드 시나리오 작가, 미래학자 등 창의적인 분야에 종사하는 사람들을 모았다. 또 영국의 저명한 경제학자들도 '상상력의 총체적인 실패' 때문에 2008년의 신용 위기를 예측하지 못했다고 결론 내렸다.[9]

"우리가 만일 상상력을 사로잡을 수 있다면 다른 사람도 사로잡을 수 있을 것이다." 미국 스타벅스 창업자 하워드 슐츠Howard Schultz의 말이다. 그는 이탈리아의 한 도시 거리를 거니는 장면을 떠올리면서 온갖 상상력을 동원해 열정과 낭만적인 분위기, 행복한 사람들로 가득 찬 가로변의 작은 카페를 머릿속에 그리면서 스타벅스를 성공시킬 수 있었다고 한다.[10] 스타벅스를 상상력 훈련 장소로 삼는 건 어떨까? 스타벅스가 아니면 어떤가? 카페나 커피숍에 가게 되면 슐츠의 에피소드를 떠올리면서 이런저런 상상력을 한껏 훈련해보는 게 좋겠다.

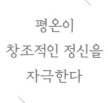

평온이
창조적인 정신을
자극한다

*

"신이시여, 제가 바꿀 수 없는 것을 받아들일 수 있는 평온함을, 제가 바꿀 수 있는 것들을 바꾸는 용기를, 그리고 그 둘의 차이를 알 수 있는 지혜를 제게 주시옵소서." 미국의 신학자이자 정치학자인 라인홀드 니부어 Reinhold Niebuhr, 1892~1971가 1930년대에 쓴 「평온을 비는 기도Serenity Prayer」다.[11]

니부어가 기도문 전체를 혼자 만든 건 아니다. 스토아학파Stoicism는 기원전 3세기 제논Zenon, B.C.334~BC.262에서 시작되어 기원후 2세기까지 이어진 그리스·로마철학의 한 학파로, 무엇보다도 금욕과 평온을 중시했다. 이들은 평온을 유지하기 위한 방법으로 통

제할 수 있는 것과 통제할 수 없는 것의 구분을 추천했
다. 당신이 어떻게 해볼 수 있는 것과 그렇지 않은 것
을 구분해서 어떻게 해볼 수 있는 것에 대해서는 조치
를 취하면 되고, 영향을 끼칠 수 없는 일은 더는 생각
하지 말아야 한다는 것이다.[12]

　"평온한 생활이 가져다주는 단조로움은 오히려 창
조적인 정신을 자극한다."[13] 세계적인 물리학자 알베

르트 아인슈타인Albert Einstein, 1879~1955이 1933년 영국 런던에서 행한 연설에서 한 말이다. 약 70년 후 미국 작가 리처드 칼슨Richard Carlson, 1961~2006도 비슷한 취지로 다음과 같이 말했다.

"마음의 평정이 가져다주는 가장 흥미로운 한 가지 측면은 이전엔 전혀 의식하지 못했던 생각들을 의식하게 되는 것이다. 그 고요함 덕분에 의식하지 못했던 것들이 제 모습을 드러낸다. 한 번도 경험하지 못했던 새로운 생각과 아이디어들이 떠오르기 시작한다. 마음을 평정시키고 나서부터 나는 더 정직해지고 스스로를 객관적으로 볼 수 있게 되었다."[14]

평온과 평정으로 창조성을 추구하는 과정에서 민주주의의 성숙도 이루어질 수 있다. 미국 건축가 대니얼 리버스킨드Daniel Libeskind가 말했듯이, 누군가가 다른 누군가에게 이건 하고 저건 하지 말라고 명령하는 전체주의적 분위기에서는 창조성이 꽃피울 수 없으니까 말이다.[15] 또 평온의 조건 중의 하나가 솔직한 삶인데, 거짓말만 사라져도 정치와 민주주의는 한 단계 업그레이드될 수 있을 게다.

문학은
무신론자의 마지막
도피처인가?

*

"진지한 문학이 가지고 있는 장점 중 하나는 대안적인 해석이 가능하다는 점이다." 미국의 인지과학자 도널드 노먼Donald A. Norman이 『우리를 현명하게 만들어주는 것들Things That Make US Smart』(1993)에서 한 말이다. 그는 그 이유에 대해 다음과 같이 말했다.

"작품에 등장하는 인물과 스토리, 사회적인 문제에 관한 독자의 이해력은 저자가 제시하는 가능성에 대한 대안을 탐구함으로써 고양된다. 진지한 문학은 그런 문제들에 관해 성찰하기 위해 멈추어 질문하고 탐구할 수 있는 시간을 요구한다. 이것은 연극이나 영화, 텔레비전 쇼와 같은 공연을 관람하면서 하기는 힘든

작업이다."[16]

　"(일부 무신론자들에게) 문학은 천박한 세상에서 인간이 기댈 수 있는 마지막 성소 중 하나다." 영국의 마르크스주의 문학비평가 테리 이글턴Terry Eagleton이 『신을 옹호하다: 마르크스주의자의 무신론 비판』(2009)에서 미국의 무신론자 문학 교수인 크리스토퍼 히친스Christopher Eric Hitchens, 1949~2011를 겨냥해 한 말이다. 이글턴은 "아무리 철저한 합리주의자라도 이성만으로는 살 수 없으며 어떤 불가해한 창조성에 대한 변함 없는 믿음이 필수적임을 보여주는 게 문학"이라며 다음과 같이 말한다.

"나는 벌써 45년째 문학을 가르쳐왔고, 히친스 못지않게 문학을 사랑한다고 자신 있게 말할 수 있다. 그러나 우리가 문학에서 초월의 방식을 찾으려 든다면 십중팔구 심각한 곤경에 빠지리라고 지적하지 않을 수 없다. 반드시 종교에 기대야 하기 때문이 아니다.……문학을 의사疑似종교로 만들려 한 시도가 문학에 큰 상처만을 남겼기 때문이다. 문학은 그보다 더 중요한 동시에 그만한 게 못 되기도 한다."[17]

꼭 무신론자만 문학을 신성화하는 건 아니지만, 이른바 '문학 특권주의'에 대한 반론으로 이해할 수 있겠다. 그런데 문학이 영상 혁명의 위세에 짓눌려 생존마저 위협받고 있는 오늘날의 현실에 비추어보자면, 이젠 '문학 특권주의'를 비판하던 시절을 그리워해야 하는 건 아닌지 모르겠다.

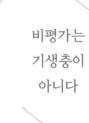

비평가는
기생충이
아니다

*

"사람들 가운데서 비평가가 가장 어리석은데, 그것은 어떤 것이 중요하건 그렇지 않건 간에 그는 모든 것들을 보고 검사하려 들기 때문에 항상 사물을 흠잡을 마음을 가지고 있기 때문이다." 영국 언론인이자 극작가 리처드 스틸Sir Richard Steel, 1672~1729의 말이다. 이어 그는 이렇게 말했다. "즉, 그는 결코 친구가 되지 못하고 항상 비판자가 되는 것이다.……고집스럽게 흠만 잡으려 드는 사람은 예의 바른 세계에서는 청교도와 같은 사람이다."[18]

"사실 비평이란 것은 대부분의 경우 골치 아프고 주제넘은 짓이다. 그리고 조금이라도 나은 직업만 있다면 선량하고 사려 깊은 사람은 비평가가 되려고 하지 않을 것이다."[19] 영국의 비평가이자 시인인 레이 헌트Leigh Hunt, 1784~1859의 말이다.

"비평가를 기생충으로 혹은 되다만 예술가로서 보는 생각은 지금도 특히 예술가들 사이에 널리 퍼져 있다." 캐나다 출신의 비평가 노스럽 프라이Northrop Frye, 1912~1991가 『비평의 해부』(1957)에서 다음과 같은 말 끝에 한 말이다.

"이런 이론에 따르면 비평가들이란 예술에 취미는 있지만 예술을 낳을 힘도 예술을 보호·장려할 돈도 없는 지식인들이다. 그들은 문화의 중개인이라는 계급을 형성해서 한편으로는 예술가를 착취하고, 대중을 부채질하면서, 그들 편에 유리하도록 문화를 사회에 유통시키는 자들이다."[20]

이렇듯 비평과 비평가에 대한 독설은 무수히 많지만, 비평은 여전히 건재하다. 물론 디지털혁명으로 인해 '비평의 민주화'가 이루어지면서 예전 같은 권위와 영향력을 행사할 수는 없지만 말이다. 그럼에도 비평이 여전히 살아 있다는 건 비평가들이 비평을 위해 쏟는 땀의 가치가 어느 정도나마 인정받고 있다는 걸 말해주는 게 아닐까? 비평가를 기생충으로 보는 시각은 일의 가치에 서열을 매기는 발상으로 오늘날 한국에서 기승을 부리고 있는 각종 갑질의 정서적 토대가 되고 있다는 걸 유념할 필요가 있겠다.

음악적 취향은
계급을
말해준다

*

"음악에 대한 기호만큼 그 사람의 '계급'을 확인시켜 주는 것도 없으며, 또한 그것만큼 확실한 분류 기준도 없다." 프랑스 사회학자 피에르 부르디외Pierre Bourdieu, 1930~2002의 말이다. 부르디외는 음악에 관한 이야기를 하는 데에 반감 같은 것을 가지고 있다. 음악에 관한 담론은 가장 인기 있는 지적 과시의 기회 가운데 하나가 되기 때문이라는 것이다. 음악에 관해 말하는 것은 자신의 교양의 폭과 해박성을 표현하는 훌륭한 기회인데, 그는 그것이 영 못마땅하다는 것이다.[21]

부르디외는 음악으로 신분 계층을 예측할 수 있는 이유를 한 가지 들었는데, '고귀한 악기' 연주를 들을

수 있는 능력을 얻기가 어렵기 때문이라는 것이다. 악
기 연주를 듣는 것보다 화랑이나 극장에서 '문화적 자
본'을 얻는 데 비용이 덜 든다는 이야긴데, 이런 주장
은 축음기가 발명되면서 무너졌다.[22] 그럼에도 음악은
여전히 상대적으로나마 '계급'을 말해주는 취향으로
서의 위치를 고수하고 있다.

음악은 정치적 성향을 말해준다는 주장도 있다.
"공화당원은 컨트리음악을 좋아하고, 민주당원은 랩
을 좋아하는 경우가 많다." 미국 언론인 톰 밴더빌트

Tom Vanderbilt가 『취향의 탄생: 마음을 사로잡는 것들의 비밀』(2016)에서 한 말이다. 음악 기호와 정치 성향 사이에 그 어떤 법칙은 없지만, 대체적으로 보자면 그런 정도의 관계는 있다는 것이다. 흥미롭게도 정치 성향과 관련해 음악 취향을 예측하기 가장 어려운 장르는 메탈이었다고 한다.[23]

음악은 심지어 인내심과도 관련이 있는가? 미국 사회학자 베서니 브라이슨Bethany Bryson은 "인내심이 높은 사람들이 가장 싫어하는 장르는 교육 수준이 가장 낮은 사람들이 좋아하는 장르다"고 주장한다. 그는 인내심이 상당한 이용자들이 일반 대중이 가장 좋아하는 장르인 컨트리음악과 찬송가를 싫어한다는 점을 알게 되었다는데, 그 이유를 설명하면서 한 말이다.[24]

하지만 세상에 영원한 건 없는 법이다. 최근 수년간 한국 사회를 강타한 '트로트 열풍'을 보라. 노년층의 전유물처럼 여겨지던 트로트가 어떻게 달라졌는가? 세대는 계급과 더불어 음악적 취향을 결정짓는 주요 변수였지만, 이젠 모든 게 뒤섞이고 시공간적으로 돌고 돌면서 그렇게 보는 시각 자체가 고루한 것이 되고 말았다. 이제 남은 건 확률뿐이다. 누군가의 음악적 취향을 통해 계급이나 세대를 어렴풋하게나마 짐작할 수 있는 확률 말이다.

위대한 예술가는
위대한
병자다

*

"샐러드에 향신료가 있다면 예술에는 광기가 있다."
미국 조각가 오거스터스 세인트고든스Augustus Saint-
Gaudens, 1848~1907의 말이다. 미국 신경학자 앨리스 플
래허티Alice W. Flaherty는 『하이퍼그라피아: 위대한 작가
들의 창조적 열병』(2004)에서 이 말을 창의성에 관한
세 종류의 심리학 이론 중 세 번째 이론을 말해주는 명
언으로 소개했다. 첫 번째 이론은 정신분석학적 모델로
창의성은 무의식에 내재하고 있다는 이론, 두 번째 이
론은 창의성을 우울함에서 오는 공허감의 표현으로 보
는 이론, 세 번째 이론은 창의성, 특히 예술에서 창의성
을 유발하는 것은 다름 아닌 질병이라는 이론이다.[25]

"위대한 예술가들은 위대한 병자들이다." 독일 소설가 토마스 만Thomas Mann, 1875~1955의 말이다. 그는 질환과 예술가들의 창작 사이에 긴밀한 연관성이 존재한다고 주장했다. 실제로 많은 예술가가 질환의 고통 속에서 창조성을 발휘했다. 영국 시인 조지 고든 바이런George Gordon Byron, 1788~1824은 "보통 불편한 신체로 인해 마음이 아프다 보면 시에 중독된다. 질병과 불구의 상태는 우리 시대 최고의 인물들을 따라다닌 수행원이었다"고 말했다. 독일 정신과 의사 에른스트 크레치머Ernst Kretschmer, 1888~1964는 건강하고 조화로운 사람들의 삶에는 "악마적인 것들"을 불러내어 천재의 경지로 끌어올리는 박차와 같은 것이 없다고 주장했다.[26]

"예술가의 이기주의는 아주 지독하다. 그건 그럴 수밖에 없다." 영국 소설가이자 극작가인 윌리엄 서머싯 몸William Somerset Maugham, 1874~1965이 『서밍 업: 문장과 소설과 인생에 대하여』(1938)에서 한 말이다. 이어 그는 "예술가는 본질적으로 유아론자이고, 세상은 오로지 그가 마음껏 자신의 창조력을 세상에 행사하는 것을 허용하기 위하여 존재해야 한다"고 말한다.[27]

유아론唯我論, Solipsism 또는 독아론獨我論은 주관적 관념론의 일종으로, 자신만이 존재하고, 타인이나 그

밖의 다른 존재물은 자신의 의식 속에 있다고 하는 생각으로, 자기self를 최우선으로 하는 학설이다.[28] 그 무엇에서 비롯되었건, 예술을 경외하는 사람들은 예술가의 지독한 이기주의는 물론 광기와 질환마저 포용할 뜻이 있다고 보아야 하지 않을까? 누군가의 말처럼, 예술이 정녕 인간의 운명에 대한 저항이라면, 그 저항이 어찌 우아하게만 이루어질 수 있겠는가?

패션은
자유와 상상력을
상징한다

*

"패션은 공기 중에 있고, 바람결에 생겨난다. 사람들은
패션을 직감한다. 패션은 하늘에 있고, 길에 있다."[29] 프
랑스 패션 디자이너 코코 샤넬Coco Chanel, 1883~1971이
새 디자인을 알아보는 감각을 설명하면서 한 말이다. 프
랑스 남부 외딴 동네의 고아원에서 자란 샤넬은 정규
교육도 받지 못했고 귀족사회의 예절도 몰랐지만, 10년
이 채 지나지 않아 프랑스, 세계, 귀족들을 위한 패션과
우아함의 표준을 창조해냈다.

　지식인들은 샤넬의 그런 인간 승리를 예찬했다.
"코코 샤넬은 피카소가 그리려 했던 것을 옷으로 재
단하려고 했다." 프랑스의 시인·소설가·극작가·영

화감독인 장 콕토Jean Cocteau, 1889~1963의 말이다. "이 세기 이후로 세 사람의 이름이 남을 것이다. 드골, 피카소 그리고 샤넬." 프랑스 작가 앙드레 말로Andre Malraux, 1901~1976의 말이다.[30]

"패션은 여전히 민주적 이상을 강조하는 개인적 자유와 검열받지 않는 상상력이라는 덕목들과 관련이 없지 않은, 자체의 분명한 덕목을 가진다." 미국 예술사가 앤스 홀랜더Anns Hollander, 1930~2014의 말이다. 이어 그는 "패션은 취향일 뿐만 아니라 동시에 인격과 자기 인식에 대한 끊임없는 테스트인데 반해, 전통적인 의복 또는 관습에 묶인 미적 표현은 그렇지 않다"고 말했다.[31]

"패션은 즉석 언어다." 이탈리아의 패션 디자이너이자 기업가인 미우치아 프라다Miuccia Prada의 말이다. "우리는 단지 옷 한 벌을 사는 게 아니다. 정체성을 사는 거다."[32] 독일 출신으로 미국에서 활동하는 패션 사진 작가 빈센트 피터스Vincent Peters의 말이다. 패션은 그 어떤 문제에도 자유와 상상력을 상징하는 소통의 힘 덕분에 앞으로도 영원할 것이다.

유행은
계급 분리에 대한
저항이다

*

"모든 유행은 본질적으로 계급적 유행이다." 독일 사회
학자 게오르크 짐멜Georg Simmel, 1858~1918의 말이다.
그의 설명을 들어보자. "즉 모든 유행은 똑같은 겉모습
에 의해서 어떤 사회계층을 내적으로 통일시켜주고 외
부의 다른 계층들로부터 분리시켜줌으로써 그 사회계
층을 표현하는 것이다. 하층계급이 상층계급을 모방하
여 그들 나름의 유행을 만들어내자마자 상층계급은 또
다른 새로운 유행을 창조해낸다. 사회적인 격차를 명확
하게 표현하려고 하였던 곳에서는 항상 유행이 존재하
였다."[33]

유행은 계급 분리에 대한 저항일 수도 있다는 것인

데, 그런 저항에 대한 상층계급의 방어가 더해지면서 쫓고 쫓기는 게임이 벌어진다는 게 흥미롭다. 이미 20년 전 명품 잡지 『네이버』 VIP 마케팅 팀장 이기훈은 "부자들은 '구별짓기'를 하고 워너비wannabe(추종자)들은 '따라하기'를 한다"며 "여행을 하더라도 부자들은 구별짓기 위해 워너비들도 갈 수 있는 발리보다는 쉽게 가기 어려운 몰디브나 마케도니아를 선호한다"고 말했다.[34] 우리는 여행지 선택의 문제에서조차 '구별짓기'라고 하는 나름의 계급투쟁을 하고 있는 셈이다.

유행은 성적性的 의미와 관련되어 있다는 주장도 있다. 영국 언론인 로절린드 카워드Rosalind Coward는 "현재 유행을 따른다는 것은 지배적인 성적 이상sexual ideals에 뒤떨어지지 않고 따라갈 각오를 표현하는 것이다"고 주장한다. 이에 대해 패션학자 엘리자베스 라우스Elizabeth Rouse는 다음과 같이 말한다. "유행을 따른다는 것은 그런 각오 이상을 포함한다. 유행은 성보다 포괄적이다. 그러나 확실히 유행에 뒤떨어진다는 것은 시대를 따라잡지 못한 사람, 성적 보수주의자가 되는 것이다."[35]

이렇듯 어떤 사람들에겐 유행을 따른다는 게 매우 심각한 의미가 담긴 투쟁인 셈이니, 자신의 마음에 들지 않더라도 함부로 폄하하거나 비웃을 일은 아니겠다. 유행을 추종하는 게 한심해 보일 수도 있겠지만, 그게 계급 분리에 대한 나름의 저항이라면 비장미마저 풍긴다고 보아야 하지 않을까?

디자인은
'겉포장'이 아니라
'영혼'이다

*

"단순함이란 궁극의 정교함이다."[36] 이탈리아 예술가이
자 과학자이자 사상가인 레오나르도 다 빈치Leonardo
da Vinci, 1452~1519의 말이다. 이는 복잡성을 무시하는
게 아니라 그것을 극복함으로써 얻는 단순성을 추구한
다는 뜻으로, 훗날 애플 창업자인 스티브 잡스Steve Jobs,
1955~2011가 신봉한 디자인 철학의 핵심이다. 잡스는
디자인에 대해 이런 명언을 남겼다. "사람들은 대부분
디자인을 겉포장쯤으로 생각한다. 디자인은 인간이 만
든 창조물의 중심에 있는 영혼이다."[37]

　"디자인하라, 아니면 사직하라." 1979년 영국 총리
에 취임한 마거릿 대처Margaret Thatcher, 1925~ 2013가

디자인의 중요성을 역설하면서 한 말이라고 한다. 이런 말을 한 적이 없다는 주장도 있긴 하지만, 이미 그의 말로 널리 알려져 있는 걸 어이하랴. 오히려 중요한 건 이 말이 당시 기울어가는 영국 산업의 해결책으로 디자인이 강력 권장되었던 시대상황에 잘 들어맞는 슬로건이었다는 점일 게다.[38]

미국 경제잡지 『포천』은 "BMW에서 디자인은 종교나 다름없다"고 했지만, 애플에서 디자인은 종교나 다

름없는 게 아니라 종교다. 아이맥에서 아이포드로 이어지는 애플의 히트 상품들은 모두 디자인의 승리였다. 그런데 BMW와 애플이라는 디자인 종교 공동체에 이단異端, heresy이 침투하면 그걸 어떻게 알 수 있는가?

"포르노가 뭐라고 정의를 내리진 못하겠지만, 보면 알 수 있다." 미국 연방 대법관 포터 스튜어트Potter Stewart, 1915~1985가 1964년 프랑스 영화 〈연인들Les Amants〉의 음란성 여부를 따지는 판결에서 이 영화는 포르노가 아니라면서 한 말이다. 미국 경영학자 게리 해멀Gary Hamel은 이 말은 탁월한 디자인에도 적용된다며 이렇게 말했다. "탁월한 디자인인지 아닌지는 보면 알 수 있다. 문제라면 우리가 탁월한 디자인의 개념을 이해하지 못하는 것이다."[39]

디자인은 언어를 통한 속박과 조건화에서 인간을 자유롭게 해주지만, 동시에 비언어적으로 우리의 생각과 행동을 규정하기도 한다. 디자인이 탁월성만 추구하다 보면 이른바 '선수들' 사이에서 인정을 받기 위해 미학美學만 추구함으로써 일상의 삶을 배신하는 일이 벌어지기도 한다. 디자인이 영혼이라면 미학과 일상의 필요 사이에서 어떤 균형을 취할 것인지를 두고 고민하는 영혼일 게다.

제6장

슬픔이 두려움처럼
느껴진다고 아무도
말해주지 않았다

음식은
곧
당신이다

*

"음식은 곧 당신이다." 프랑스의 음식 평론가 앙텔름 브리야사바랭Anthelme Brillat-Savarin, 1755~1826의 말이다. 이에 대해 미국 심리학자 리언 래퍼포드Leon Rappoport는 『음식의 심리학』(2003)에서 이렇게 말한다. "좋든 싫든 우리가 먹는 음식과 먹는 방식은 우리가 누구인가 혹은 무엇이 되기를 원하는가 하는 문제와 밀접히 결부된다. 우리는 종종 음식을 통해서 자아를 개인적으로 구현하거나 공적으로 나타내려고 한다. 개인의 성격이나 사회적 정체성과 관련된 음식의 소비는 도처에서 발견된다."[1]

　"음식이 곧 사람이다." 소비자행동을 연구하는 미

국 코넬대학 교수 브라이언 완싱크Brian Wansink가 『나는 왜 과식하는가』(2006)에서 한 말이다. "음식은 곧 당신이다"는 말과 맥을 같이하는 말이라고 할 수 있겠다. 사람을 보고 음식 취향을 알 수 있을까? 그의 연구팀은 식당에서 베테랑 웨이트리스들을 관찰했다. 그녀들은 가게에 불쑥 들어오는 손님이 무엇을 주문할지 놀랄 만큼 정확하게 알아맞혔는데, 손님의 걷는 방법, 복장, 주위를 둘러보는 눈의 표정 등 그들의 '모습'만으로 알 수 있다고 했다.

연구팀은 이에 대해 자세히 조사해보고 싶어 554명의 수프 애호가를 대상으로 의식 조사를 해 다섯 가지 성격 패턴을 만든 후, 그들이 가장 인기 있는 다섯 종류의 수프 가운데 어떤 것을 좋아하는지를 조사해 '음식에 따른 성격 유형'을 분석했다. 그리고 나서 식당의 웨이트리스 26명에게 이 다섯 종류 수프를 다섯 가지 성격 패턴에 짝지어보도록 했더니, 놀랍게도 21명이 다섯 가지를 모두 알아맞혔다. 평균 적중률 83퍼센트였다.

이 '좋아하는 수프로 성격 맞히기' 게임의 정답은 이랬다. 치킨 누들은 집에 있기를 좋아하는 사람, 칠리비프는 파티의 스타, 야채수프는 유행 선도자, 뉴잉글랜드풍 대합조개 차우더는 위트가 풍부한 사람, 토마토 수프는 다정한 독서가였다.[2]

동서양을 막론하고 "살기 위해 먹지, 먹기 위해 사는 게 아니다"는 말은 한때 상식처럼 여겨졌지만, 이젠 그런 '고상함'에 저항하는 목소리가 커지고 있다. 이른바 '먹방' 열풍은 먹기 위해 산다고 외치는 절규에 가깝다. 그런데 사실 따지고 보면 옛날부터 살기 위해 먹는 사람과 먹기 위해 사는 사람을 구분할 수 있을 정도로 식욕食慾의 개인 차이가 컸다. 그래서 음식은 곧 당신이다.

매트리스는
숭배받아야
한다

*

"수면 부족은 알코올의 과다 섭취와 비슷하다." 미국 의학자 찰스 자이슬러Charles Czeisler가 2006년에 한 말이다. 그는 24시간 동안 수면을 취하지 않거나(하룻밤을 새우거나), 한 주 동안 하루 4~5시간의 수면만을 취하면 혈중알코올농도 0.1퍼센트에 해당하는 정도의 무기력함을 나타내 보인다고 했다.[3]

"매트리스는 숭배받아야 한다." 미국 정신과 의사 주디스 올로프Judith Orloff가 『감정의 자유』(2011)에서 한 말이다. 그는 그 이유에 대해 이렇게 말한다. "나는 잠자리를 신성한 장소라고 생각한다. 그곳에서 잠을 자고, 꿈을 꾸고, 사랑을 나누고, 치유하고, 세상으

로부터 피신하기 때문이다. 당신에게 맞는 적절한 매트리스는 등의 통증을 완화하고 척추를 바로잡아주며 편안하게 꿈을 꿀 수 있도록 에너지 체계를 준비시킨다. 반면 맞지 않는 매트리스는 잠의 질을 떨어뜨리고 악몽을 꾸게 하며 꿈을 기억하려는 당신을 방해한다."[4]

2013년 미국 질병예방통제센터는 수면 부족을 '공중보건유행병public health epidemic'으로 선포했다. 수면 부족엔 문화적인 문제도 있다. 미국인들은 잠을 가치 있는 것으로 여기지 않는다. 좋은 잠을 약물로 대체하는 사람도 많다. 라틴 문화권에는 시에스타siesta라고 하는 낮잠 문화가 있지만 미국, 영국, 캐나다 같은 나라에서는 낮잠이라고 하면 눈살부터 찌푸린다. 이에 대해 수면 전문가 데이비드 랜들David Randall은 다음과 같이 말한다.

"긴장을 풀답시고 호화로운 휴가에 몇천 달러씩 펑펑 쓰고, 운동을 한다고 몇 시간씩 땀을 뻘뻘 흘리고, 유기농 식품에 돈을 물 쓰듯 쓰면서도 여전히 우리의 문화적 풍토에서 잠이란 그저 미뤄도 되는 것, 약 먹고 버티면 그만인 것, 무시해도 되는 것으로 남아 있다. 우리는 좀처럼 잠을 건강에 대한 투자로 생각하지 않는다. 어쨌거나 그것은 그저 잠에 불과하니까 말이다. 머리를 베개에 처박고 있는 동안 삶을 발전시키기 위한 능동적인 단계를 밟고 있다고 느끼기는 어려운 법이다."[5]

잠에 대한 잘못된 생각도 문제이지만, 이젠 대중의 수면 시간을 빼앗아야만 돈을 버는 사업이 성장산업이라는 게 더 큰 문제인 것 같다. 넷플릭스의 최고경영자 리드 헤이스팅스Reed Hastings는 2017년 "넷플릭스는 고객의 수면 시간과 경쟁 중이다"고 했는데, 실제로 넷플릭스는 그 경쟁에서 승리를 거둔 것으로 보인다.

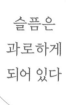

슬픔은
과로하게
되어 있다

*

"슬픔이 두려움처럼 느껴진다고 아무도 말해주지 않았
다." 영국 소설가 C. S. 루이스Clive Staples Lewis, 1898~
1963의 말이다. 페이스북 최고운영책임자인 셰릴 샌드
버그Sheryl Sandberg는 『옵션 B: 역경에 맞서고, 회복탄
력성을 키우며, 삶의 기쁨을 찾는 법』(2017)에서 이 말
을 인용하면서 남편이 갑작스럽게 세상을 떠난 후 자신
에게 벌어진 일에 대해 이렇게 말했다. "두려움은 내게
늘 붙어 다녔다. 슬픔은 절대 누그러지지 않을 것 같았
다. 더이상 서 있을 수도 없고 나를 나 자신이라 느낄 수
없을 때까지 슬픔의 파도는 계속 나를 덮칠 것 같았다."[6]

"우리가 슬픔이라는 감정을 겪는 이유는 세상을 떠

난 사람들에 대한 파일을 뇌에서 삭제할 능력이 없기 때문이다." 프랑스 출신의 미국 인지 인류학자 파스칼 보이어Pascal R. Boyer의 말이다. 이에 대해 캐나다 철학자 조지프 히스Joseph Heath는 『계몽주의 2.0』(2014)에서 이렇게 말한다. "파일이 삭제되지 않았기 때문에 뇌 도서관의 사서는 실제 세계에 더이상 조응하지 않는 기억들을 계속해서 우리 앞에 가져다 놓는다. 사서를 말릴 방법은 없다. 시간이 지나서 사서를 움직이는 연상 작용의 강도가 약해지기를 바라는 수밖에."[7] 이런 이치를 옛날 사람들은 이미 잘 알고 있었다. 그래서 나온 말이 있잖은가? "세월이 약이겠지요."

세월이 흐르기 전까진 슬픔은 과로하게 되어 있다. '슬픔의 과로'는 시인 황인숙의 시 「슬픔이 나를 깨운다」(2000)에서 가져온 표현이다. "슬픔이 나를 깨운다./벌써!/매일 새벽 나를 깨우러 오는 슬픔은/그 시간이 점점 빨라진다./슬픔은 분명 과로하고 있다./소리 없이 나를 흔들고, 깨어나는 나를 지켜보는 슬픔은/공손히 읍하고 온종일 나를 떠나지 않는다."[8]

『중앙일보』가 2015년 6월 빅데이터 분석업체인 다음소프트와 지난 7년 6개월간 트위터·블로그에 올라온 전체 글 70억 4,279만 건을 분석한 결과, 한국인이 온라인상에서 표출한 감성 표현 중 슬픔의 비중이

가장 큰 것으로 나타났다. 트위터 등에 언급된 감성 연관어(감정을 표현하는 단어) 가운데 슬픔 연관어의 비중이 22.3퍼센트로 가장 많았다.[9]

이 분석 결과는 한국인의 슬픔이 과로할 가능성이 높다는 걸 시사한다. 왜 그럴까? 심리학자들의 연구 결과에 따르면, 슬플 때 쇼핑을 하면 돈을 더 많이 쓴다고 한다. 자기감정 몰입도가 높아져 무의식중에 돈을 더 쓰는 것이 자신을 완전하게 만들어준다고 믿기 때문이라나. 슬픔의 과로는 피하는 게 좋겠지만 자신의 완전성을 지향하는 긍정적 현상일 수도 있다.

우울증은
세상에 대한
저항이다

*

"특수한 재능을 가진 우리 모두가 미친 사람들이다. 어떤 이들은 유쾌함에 또 어떤 이들은 우울함에 감염되어 있다. 다소간의 차이는 있지만 우리 모두가 그에 영향을 받고 있다." 영국 시인 조지 고든 바이런George Gordon Byron, 1788~1824의 말이다. 미국 임상 심리학자 케이 제이미슨Kay Jamison은 바이런이야말로 조울증이 창조성에 어떻게 영향을 끼치며, 종종 조증의 상태에서 창조성을 어떻게 증진시킬 수 있는지를 보여주는 고전적인 예로 꼽았다.[10]

"우울증 환자들이 일반인들보다 더 정확한 세계관을 가지고 있음을 보여주는 연구는 수없이 많다." 미국

언론인이자 작가인 캐서린 슐츠Kathryn Schultz가『오류
의 인문학』(2010)에서 한 말이다. 그는 "우울증을 앓
는 사람들은 자신이 스스로의 삶을 조종할 수 있다는

즐거운 환상을 품지 않는다"며 다음과 같이 말한다.

"대부분의 사람들이 흔히 가지는 믿음, 즉 거의 모든 면에서 자신이 평균 이상이라는 믿음을 가지는 경우도 거의 없다. 그들은 너무나 날카롭게 기본적인 존재 조건을 이해한다. 인간의 일생은 냉정한 역사의 흐름 속에서 찰나에 불과하며, 고통은 진짜이고 지속적이며, 그들과 그들이 사랑하는 모든 사람은 죽을 것이라는 사실 말이다. 그러한 관점을 우울한 사실주의라고 한다."[11]

"우울증은 세상에 대한 저항이다." 미국의 영문학자이자 우울증 전문가인 크리스토퍼 레인Christopher J. Lane의 말이다. 이 세상이 병이 들었는데, 그런 세상에서 멀쩡한 사람이 더 이상한 게 아니냐는 뜻이다. 심리학자 김태형은 "우울증은 병든 세상에 도저히 적응할 수가 없다고 울부짖는 건강한 마음이 흘리는 처절한 눈물인 것이다"고 해석한다.[12] 심한 우울증을 앓았던 부오나로티 미켈란젤로Buonarroti Michelangelo, 1475~1564의 그림들은 그의 우울증을 거울처럼 비춰준다는데, 그의 그림을 볼 땐 그런 저항의 흔적을 찾아보는건 어떨까?

웃음은
얼굴에서 추위를 몰아내는
태양이다

*

"진지함과 위엄은 인간의 본성이 아닌 듯하다. 재치 있
는 사람은 주위에 모여 있는 모든 사람을 즐겁게 하며
그들에게 사랑받는다."[13] 독일 철학자 임마누엘 칸트
Immanuel Kant, 1724~1804의 말이다. "볼테르는 하늘이
우리에게 인생의 피곤함을 견디도록 희망과 수면이라
는 두 가지 선물을 선사했다고 했다. 여기에 웃음을 덧
붙였으면 더 좋았을 것이다."[14] 이 또한 칸트의 말이다.

유럽의 사교계엔 19세기 말까지도 멍청하고 점잖
지 못하다는 이유로 소리 내어 웃어선 안 된다는 불문
율이 있었다고 한다. 네덜란드 인문학자 에라스뮈스
Desiderius Erasmus, 1466~1536는 아예 공개적으로 웃지

말라고 권고했고, 영국 작가 조너선 스위프트Jonathan Swift, 1667~1745는 어떤 식으로도 절대 웃지 않으려고 했다.[15] 그런 풍토에서 뜻밖에도 근엄했던 칸트가 웃음을 예찬했다는 게 흥미롭다. 칸트는 의사도 아니면서 횡격막까지 거론하면서 다음과 같은 의학적인 웃음 옹호론을 폈다.

"횡격막은 기대하지 않았던 일들이 일어날 때 진동하면서 움직인다. 이 진동은 허파에 부딪히면서 허파를 움직이게 한다. 그래서 허파는 공기를 들이마시고 내쉬는 동작을 반복함으로써 간헐적으로 기쁨 또는 웃음이 터지게 만든다. 웃는 사람을 기쁘게 하는 것은 웃으면서 드는 생각이 아니라 웃음에 의한 내적 운동이다. 그것은 나무를 톱으로 자르거나 말을 타는 것보다 더 좋은 운동이다."[16]

『인터내셔널헤럴드트리뷴』(2005년 12월 30일)은 "전 세계에서 '최고의 명약'인 웃음을 제대로 배우려는 열풍이 불고 있다"며 한국과 독일을 대표적인 예로 들었다. 두 나라 모두 전통적으로 웃음에 인색한 나라다. 독일에서는 이틀 수업료가 300달러(약 30만 원)나 하는 '웃기 학교'가 인기를 끌어 전국에 체인을 늘리고 있다고 했다. 그런데 이 기사에 실린 다음과 같은 분석은 사실 여부와 관계없이 쓴웃음을 자아내게 만든다. "독일의 웃기 운동은 우울을 퇴치하기 위한 것인 반면, 한국에서의 웃음 배우기 열풍은 치열한 생존 경쟁에서 살아남기 위한 '생존 전략'이다."[17]

생존 전략이면 어떤가? 행복과 웃음의 관계는 쌍방향이다. 행복감이 충만해 웃기도 하지만, 웃다 보면 행복감을 느끼기도 한다. 프랑스 작가 빅토르 위고Victor Hugo, 1802~1885는 "웃음은 얼굴에서 추위를 몰아내는 태양이다"고 했는데, 자주 비장미를 풍겨 추워 보이는 한국인들의 얼굴에 웃음이 흘러넘치면 좋겠다.

습관은
물과
같다

*

"물은 자신의 힘으로 길을 만든다. 한 번 만들어진 물
길은 점점 넓어지고 깊어진다. 흐름을 멈춘 물이 다시
흐를 때에는 과거에 자신의 힘으로 만든 그 길을 따라
흐른다." 미국 철학자이자 심리학자인 윌리엄 제임스
William James, 1842~1910의 말이다. 자신의 대표작인 『심
리학의 원리』(1890)의 한 장을 통째로 습관에 할애한
제임스는 습관이 작동하는 원리를 가장 적절하게 비유
할 수 있는 것은 물이라고 했다.[18]

"습관은 복리複利로 작용한다." 미국의 자기계발 전
문가 제임스 클리어James Clear의 말이다. 그의 설명을
들어보자. "돈이 복리로 불어나듯이 습관도 반복되면

서 그 결과가 곱절로 늘어난다. 어느 날 어느 순간에는 아주 작은 차이여도, 몇 달 몇 년이 지나면 그 영향력은 어마어마해질 수 있다. 2년, 5년, 10년 후를 생각해 보라. 좋은 습관의 힘과 나쁜 습관의 대가는 현저한 차이를 드러낼 것이다."[19]

그렇다면 어떻게 해야 좋지 않은 습관을 바꿀 수 있을까? "모든 변화는 '팔굽혀펴기 한 번'에서 시작되었다." 미국의 자기계발 전문가 스티븐 기즈Stephen Guise의 말이다. 그는 하루 30분 운동이 쉽지 않으니, 팔굽혀펴기 운동이라면 더도 덜도 말고 '딱 한 번만 하라'는 조언을 들었다고 밝혔다. 그는 처음에 이 말을 듣고 비웃었다가 실제로 딱 한 번 해보고 나서, 이런 결론을 내렸다. "그것이 내 새로운 인생의 시작이었다."

기즈는 한 번 하는데도 어깨에서 우두둑 하는 소리가 났고, 팔꿈치에 윤활유라도 칠해야 할 것 같은 느낌이 들었다고 말한다. 그럼에도 이왕 자세를 취한 김에 몇 번을 더 했고, "좋아, 한 번 더. 좋아, 두 번만 더. 자, 다시 한번 더!"라는 식으로 잘게 나눈 목표를 세웠더니 달라지더라는 것이다.[20] 속는 셈 치고 한번 시도해 보는 게 좋겠다.

세계 전체를
날조하는 거짓말이
더 무섭다

*

"온통 거짓뿐인 거짓에는 맞붙어서 철저하게 싸울 수 있다. 그러나 진실의 일부인 거짓말에 맞서 싸우기는 훨씬 더 어려운 문제다."[21] 영국 시인 앨프리드 테니슨Alfred Tennyson, 1809~1892의 말이다.

"사실에 근거한 진실을 거짓말로 일관성 있게 완전히 대체하는 데 따르는 결과는, 거짓말이 진실로 받아들여지고 진실이 거짓말이라는 오욕을 뒤집어쓰게 되는 게 아니다. 실세계의 방향 감각이⋯⋯파괴된다는 것이다."[22] 미국 정치철학자 해나 아렌트Hannah Arendt, 1906~1975의 말이다.

"거짓말하는 능력은 뛰어난 인지능력을 전제로 한

다." 독일 철학자이자 역사가인 베티나 슈탕네트Bettina Stangneth가 『거짓말 읽는 법』(2017)에서 한 말이다. 그는 "인지능력은 상상력과 더불어 관점의 변화를 유도할 필수 조건이다"며 "거짓말을 하는 나는 전혀 존재하지 않는 세계를 생각할 수 있어야 한다"고 했다.[23]

그런 능력이 발달한 걸까? 프랑스 사회학자 장 보드리야르Jean Baudrillard, 1929~2007는 "오늘날 권력의 거짓말은 개별 사실을 왜곡하는 식이 아니라 아예 세계 전체를 날조하는 식으로 이루어진다"고 했다.[24] 개별 사실의 왜곡은 검증이나마 가능하지만 세계 전체의 날조는 그런 방식으론 격파할 수 없으니 그저 당하는 수밖엔 없는 걸까? 아니면 다른 세계를 날조하는 방식으로 대응해야 하는 걸까?

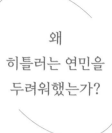

왜
히틀러는 연민을
두려워했는가?

*

"연민은 타고나는 게 아니다. 어린이와 야만인은 늘 잔인하다. 연민은 이성의 계발에 의해 생겨나고 향상된다. 우리는 연민이 없더라도 고통에 빠진 사람에 대해 불편한 감정을 느낄 수 있다. 그 사람을 구하려는 마음이 없다면 우리에겐 연민이 없는 것이다."[25] 영국 작가 새뮤얼 존슨Samuel Johnson, 1709~1784의 말이다.

"연민은 시간과 정력뿐만 아니라 삶의 흔한 즐거움 역시 희생시킬 것을 요구한다." 독일계 프랑스 의사이자 사상가인 알베르트 슈바이처Albert Schweitzer, 1875~1965의 말이다. 가난한 사람들의 고뇌에 찬 표정과 병자들의 신음에 영원히 시달려야 한다는 뜻이다.[26]

"히틀러는 연민(동정심이 솟아나는 상태) 때문에 자신의 기본계획이 무너질 수 있다는 점을 알고 있었다." 미국 심리학자 대커 켈트너Dacher Keltner가 『선의 탄생』(2009)에서 한 말이다. 켈트너는 그 증거로 히틀러의 다음 주장을 언급한다. "내 교육법은 엄격하다. 약한 것은 호되게 내몰아야 한다. 내 독일 기사단 요새 안에서 젊은 세대는 전 세계가 그 앞에서 벌벌 떠는 존재로 자랄 것이다. 나는 젊은이들이 폭력적이고, 지배적이며, 기가 꺾이지 않고, 잔인한 사람이 되기를 바란다."[27]

"세계 여러 종교의 윤리를 하나로 묶는 것이 무엇인가? 연민이다."[28] 영국 종교학자이자 작가인 카렌 암스트롱Karen Armstrong의 말이다. 그는 "연민을 품고 있으면 동료인 인간의 고통을 줄이기 위해 쉬지 않고 힘쓰게 된다"고 했는데,[29] 이거야말로 히틀러가 두려워할 일이 아니고 무엇이었겠는가?

갈등은
사회의 면역력을
강화한다

*

"갈등은 생각의 등에와 같다." 미국 철학자 존 듀이John Dewey, 1859~1952의 말이다. 왜 그렇다는 걸까? "그것은 우리를 각성시켜 관찰하고 기억하게 만든다. 그것은 무엇인가를 발명하도록 부추기고 충격을 주어 우리가 수동성에서 벗어나 적극적으로 연구하게 만든다. 갈등은 반성과 창의력에 필수적인 요소이다."[30]

"갈등은 위험한 기회이다." 미국 커뮤니케이션 전문가 로버트 볼턴Robert Bolton이 『피플 스킬: 마음의 문을 열어주는 인간관계 기술』(1979)에서 한 말이다. 왜 그렇다는 걸까? "능숙하게 대처한다면 갈등에서 많은 것을 얻을 수도 있다. 친밀감을 강화하고, 아이들의

발달을 돕고, 개인의 지적 능력을 높여주고, 기술 발전을 촉진하고, 창의력을 북돋우고, 사회기관·종교조직·정치조직 그리고 기업조직의 혁신을 촉진할 수 있기 때문이다."[31]

독일 심리학자 폴커 키츠Volker Kitz는 『우리는 왜 혼자일 때 행복할까』(2011)에서 갈등이 낳는 긴장과 역동성은 움직임, 변화, 발전에 영향을 끼쳐 진화와 혁명의 원동력이 된다며 다음과 같이 주장했다. "갈등은 우리의 일용할 양식이다. 갈등은 영양가가 높으며, 살아가고 살아남는 데 필요한 것을 우리에게 공급해준다. 갈등은 우리를 올바른 방향으로 가도록 힘껏 밀어줄 수 있다. 우리가 새로운 시각을 받아들이고 거기에서 비롯한 기회를 잡을 용의가 있다면 말이다."[32]

"모순과 그것에서 기인하는 갈등은 시스템을 단순히 위협한다기보다는 면역 시스템을 유발하고 촉진한다." 철학자 김진석이 『진보는 차별을 없앨 수 있을까』(2020)에서 "갈등은 사회의 면역력을 강화한다"며 한 말이다.[33] 현재 한국 사회에서 동시다발적으로 터져 나오는 갈등들이 부디 김진석이 말한 그런 종류의 갈등이기를 빌면서, 갈등은 우리의 일용할 양식임을 믿고 싶다.

폭력은
평판을 위한
전략적 범죄다

*

"명예를 중시하는 문화의 지도자는 잃을 것도 많고 집단 내외에서 공격도 많이 받는다. 하지만 당신을 보호해줄 사람은 아무도 없다. 오히려 무시무시한 평판을 쌓으면 도움이 될 것이다." 이탈리아 사상가 마키아벨리Niccolò Machiavelli, 1469~1527의 말이다. 그는 『군주론』(1513)에서 통치자에게 백성을 위해 권세를 휘두르고 공공선을 위해 잔혹함을 활용하라며 다음과 같이 말했다.

"군주는 신민의 단결과 충성을 유지하는 한, 잔인하다는 비난을 들을까 염려해서는 안 된다. 인정이 지나쳐 살인과 약탈을 유발하는 무질서를 용납하는 것

보다 따끔하게 본보기를 보여주는 것이 더 자비로운 행위다. 무질서는 늘 공동체 전체에 해를 입히지만 군주가 명령하는 처형은 몇몇 개인에게만 해를 입힌다."[34]

"결투는 상처받은 명예를 회복하는 데 대단히 효과적인 도구였다. 왜냐면 기꺼이 결투를 감행하는 모습이 다른 귀족들에게는 '무결과 신념의 증거'였고, 결투에 응하는 것은 결투의 원인인 논쟁에 종지부를 찍는 의미였기 때문이다." 역사가 데이비드 파커David Parker가 17~18세기 유럽의 귀족계급 사이에서 널리 행해진 결투에 대해 한 말이다. 프랑스만 해도 앙리 4세의 통치하에 있던 1589~1610년의 21년 동안 거의 1만 명의 남성이 명예를 위해 죽음을 선택했다. 법과 교회가 결투를 금지했지만 결투는 한동안 존속되었다.[35]

"폭력은 생각 없이 저지르는 게 아닌 전략적 범죄이며, 돈을 빼앗기 위해서가 아니라 평판을 사기 위해 저지르는 범죄다." 영국의 과학 전문 작가 존 휘트필드John Whitfield가 『무엇이 우리의 관계를 조종하는가』(2012)에서 한 말이다. 미국 심리학자 리처드 펠슨Richard Felson의 연구에 따르면, 보는 사람이 있으면 입씨름이 주먹 다툼으로 비화될 확률이 두 배로 증가한다. 실제로 미국에서는 폭력 충돌의 3분의 2가 공공장소에서

벌어지는데, 젊은 사람들은 그 비율이 4분의 3이나 된다고 한다.[36]

구경꾼들이 있는 자리에서 자신의 명예 또는 체면을 위해 말싸움이라도 벌여본 사람이라면 폭력은 평판을 위한 전략적 범죄라는 데에 흔쾌히 동의할 게다.

제7장

우리는
많은 말을 하지만,
대화하지 않는다

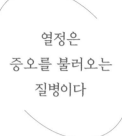

열정은
증오를 불러오는
질병이다

*

"열정이 인간을 사로잡으면, 이성이 눈물을 흘리며 그를 따라와 위험을 예고한다. 그러나 인간이 이성의 목소리에 발길을 멈추고 '그래 맞아. 내가 미쳤어. 내가 어디로 가고 있었던 거지?' 하고 생각하는 순간, 열정이 그에게 소리친다. 그러면 난, 나는 죽으란 말이냐고."[1] 프랑스 시인 알프레드 드 뮈세Alfred de Musset, 1810~1857의 말이다.

"인간의 집단 열정은 대개 사악하다."[2] 영국 철학자 버트런드 러셀Bertrand Russell, 1872~1970의 말이다. "열정은 질병이다." 프랑스 작가 조르주 시므농Georges Simenon, 1903~1989의 말이다. 그는 "그 질병에 걸리면

모든 것을 질투하게 된다. 빛도 없고, 조화도 없게 된다"고 했다.[3]

　"현대 경제는 열정을 억제하기 위한 환경이다." 미국 경제학자 앨버트 허시먼Albert O. Hirschman, 1915~2012이 『열정과 이해관계』(1977)에서 내린 결론이다. 그는 열정은 인간의 타고난 조건이며, 열정의 산물로 세계사는 연속되는 전쟁과 반란으로 점철되었지만, 1600년대부터 상황이 달라졌다고 말한다. 자본주의의 발전은, 인간의 불완전함에 대한 인식이 생겨나 전쟁을 막기 위해서는 인간의 열정을 통제해야 한다는 사실이 점차 이해되는 과정이라는 것이다. 즉, 열정을 상쇄시키는 구조를 위해 열정을 배척하는 물질적 이해관계가 생겨났다는 이야기다.[4]

　"열정은 매우 충동적이고 격정적이어서 증오로 바뀌기 쉽다."[5] 미국 심리학자 로버트 스턴버그Robert J. Sternberg가 『우리는 어쩌다 적이 되었을까?』(1998)에서 한 말이다. 러셀이 "인간의 집단 열정은 대개 사악하다"고 한 것도 바로 그런 이유 때문이었을 게다. 열정을 증오로 바꾸는 군중심리의 힘은 늘 우리의 상상을 초월할 정도로 강한 법이니까 말이다.

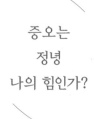

증오는
정녕
나의 힘인가?

*

"무관용과 증오심을 표출하라. 증오는 나쁜 것이 아니다. 우리의 목표는 기독교 국가이다. 우리는 신의 부름을 받아 이 나라를 정복해야 할 신성한 의무가 있다."[6] 미국의 보수 정치 선동가이자 낙태 반대 운동가인 랜들 테리Randall A. Terry가 1994년에 한 말이다.

"서구인들이 과소평가하는 단일 세력이 있다면, 그것은 집단적 증오의 힘이다."[7] 미국의 군사 전문가 랠프 피터스Ralph Peters가 『미래를 위한 싸움: 미국은 승리할 수 있을까?』(1999)에서 한 말이다.

"매일 내일은 당신을 죽이리라/마음에 마음을 새겼어/수천수만의 생각이/머릿속을 헤엄치며 무력한 날

비웃고/매일 내일은 구차한 이 내 생을/고요히 끝내리라 꿈꿨어/······/당신을 죽도록 이토록/증오한 덕에 난 아직 살아 있고/증오는 나의 힘/배신하지 않을/나의 아군 나의 주인 나의 힘." 밴드 자우림의 김윤아가 작곡·작사하고 노래한 〈증오는 나의 힘〉(2004)이다. 그러나 이 작품은 마지막에 그 아군이 이끄는 길은 자멸이기에 증오는 결코 나의 힘이 될 수 없다는 걸 말하는 걸로 끝난다. "증오는 증오를 낳고/검은 증오의 불길이 언젠가는/날 삼키고 난 멸하고 말겠지."

"증오에 대처하려면 자신과 똑같아지라는 증오의 유혹을 뿌리치는 수밖에 없다." 독일 작가 카롤린 엠케Carolin Emcke가 『혐오사회: 증오는 어떻게 전염되고 확산되는가』(2016)에서 한 말이다. 이어 그는 다음과 같이 말한다. "증오로써 증오에 맞서는 사람은 이미 자기도 따라 변하도록 허용한 셈이며, 증오하는 자가 원하는 모습에 가까워진 것이다. 증오에는 증오하는 자에게 부족한 것, 그러니까 정확한 관찰과 엄밀한 구별과 자기 회의로써 대응해야 한다."[8]

너무 어렵게 말한 게 아닐까? 독일 작곡가 루트비히 판 베토벤Ludwig van Beethoven, 1770~1827의 말이 훨씬 더 가슴에 와닿는다. "증오는, 증오를 품은 자에게 되돌아온다."[9] 자신이 증오와 혐오에 찬 고집불통이라는 사실을 잘 알고 있던 베토벤이 마지막 걸작 〈환희의 송가〉를 쓴 뒤에 남긴 명언이다.

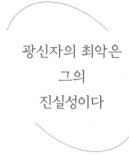

광신자의 최악은
그의
진실성이다

*

"광신은 언제나 열정과 구분되어야만 한다. 전자는 자신이 더 고차원적인 세계와 즉각적이고 특별한 교감을 나눈다고 믿는 것인 반면, 후자는 그 어떤 것과도 초자연적인 교감을 나눈다는 환각 없이, 적정한 정도를 넘어선 애국적 덕, 우정, 종교 원칙 등과 같은 원리들에 의해 불타오르는 정신 상태를 의미한다."[10] 독일 철학자 임마누엘 칸트Immanuel Kant, 1724~1804의 말이다.

독일 철학자 프리드리히 빌헬름 니체Friedrich Wilhelm Nietzsche, 1844~1900는 철학의 폭압적 성향에 대해 말하면서 "진리를 소유하고 있다는 신념이 그를 광신자로 만든다"고 했다. 이렇듯 니체는 광신을 일차적으로 종교적 분파주의나 미신의 관점에서 이해한 게 아니라, 소크라테스와 플라톤에서부터 이미 탐지할 수 있는 이성의 광신으로 이해했다.[11]

영국 작가 오스카 와일드Oscar Wilde, 1854~1900는 "광신자의 최악은 그의 진실성이다"고 했고, 철학자 조지 산타야나George Santayana, 1863~1952는 "광신은 목적을 잊은 채 노력을 배가할 때에 나타난다"고 했고,

영국 정치가 윈스턴 처칠Winston Churchill, 1874~1965은 "광신자란 자신의 생각을 바꿀 수도 없고, 그렇다고 주제를 바꾸지도 않을 사람이다"고 했다.[12]

"광신자들은 어디에서 오는가? 대부분은 창조적이지 못한 지식층에서 나온다."[13] 미국 작가 에릭 호퍼Eric Hoffer, 1902~1983의 말이다. 그는 『맹신자들』(1951)에서 "광신자는 언제까지나 불완전하며 불안할 수밖에 없는 존재다"며 다음과 같이 말했다. "그는 스스로에게 거부당한 자신만으로는 자신감을 일으키지 못하며 무엇이 되었건 오로지 자신이 신봉하게 된 그 무언가, 그 기둥에 열정적으로 매달릴 때에만 자신감을 얻는다. 이렇게 열렬하게 매달리는 심리가 그의 맹목적 헌신과 믿음의 본질이며, 그는 그 안에서 모든 힘과 미덕의 원천을 만난다."[14]

이 모든 게 다 광신자가 무서운 이유들이다. 특히 진실한 광신자를 가장 경계해야 한다. 그의 사전엔 역지사지易地思之도, 타협도 없으니, 이 어찌 두려운 존재가 아니랴.

정치적 광신과
종교적 광신은
비슷하다

*

"전체주의 운동 구성원의 충성심은 일반적인 정당 구성원의 가장 위대한 충성심과 질적인 측면에서 완전히 달랐다. 광신은 자기 이익에는 관심을 두지 않고 스스로를 희생할 준비가 된 군중에 의해 양산된다."[15] 미국 정치철학자 해나 아렌트Hannah Arendt, 1906~1975가 『전체주의의 기원』(1966)에서 한 말이다.

"광신狂信 없이는 그 무엇도 이룰 수 없다."[16] 아르헨티나의 포퓰리스트 대통령 후안 도밍고 페론Juan Domingo Perón, 1895~1974의 부인인 에바 페론Eva Perón, 1919~1952의 말이다. "범죄적 정치체제는 범죄자가 아니라, 천국으로 가는 유일한 길을 발견했다고 확신하는

광신자들이 만든 것이다."[17] 체코의 소설가 밀란 쿤데라 Milan Kundera, 1929~2023가 『참을 수 없는 존재의 가벼움』 (1984)에서 한 말이다.

"광신적인 사람은 오히려 냉정하다."[18] 프랑스 철학자 베르트랑 베르줄리Bertrand Vergely가 『행복 생각』 (2002)에서 한 말이다. 일반적인 상식을 뒤엎는 말이다. 왜 그렇다는 걸까? "그는 자기 자신으로부터 그 무엇도 내어놓지 않는다. 그는 타인들이 희생하기를 바란다. 그리고 무엇보다 증오를 품고 있다." 그는 『슬픈 날들의 철학』(2003)에선 다음과 같이 말했다. "정치적 광신과 종교적 광신은 서로 많이 닮아 있다. 정치가 하나의 종교가 되고, 종교가 일종의 정치로 둔갑할 때, 폭력은 그야말로 고삐 풀린 상태가 된다."[19]

정치에서건 종교에서건 광신도와 싸울 땐 어떤 자세로 임해야 할까? 영국 작가 조지 오웰George Orwell, 1903~1950이 아주 좋은 지침을 제시했다. "광신도와 싸우는 사람은 스스로 광신도가 되지 않을 때 승리를 거둔다."[20] 얼른 생각하면 똑같은 광신도가 될 때에 힘을 더 발휘할 수 있을 것 같지만, 광신도끼리의 싸움에선 승리의 의미가 사라지고 만다.

정의 위에
사실을 세울 수는
없다

*

"확신을 가지고 시작하는 사람은 의심으로 끝나고 흔쾌히 의심하면서 시작하는 사람은 확신을 얻으며 끝낸다."[21] 영국 철학자 프랜시스 베이컨Francis Bacon, 1561~1626의 말이다. "의심은 기분 좋은 일이 아니지만, 확신은 어리석은 일이다."[22] 프랑스 사상가 볼테르 Voltaire, 1694~1778의 말이다.

"의심은 지혜의 시작이지 끝이 아니다."[23] 캐나다 과학 작가 조지 일리스George Iles, 1852~1942의 말이다. "무엇을 확신하는 자는 어리석고, 상상하고 이해하는 자는 의심과 우유부단함으로 가득 차 있다. 그것이 우리 시대 가장 뼈아픈 부분 중 하나다."[24] 영국 철학자

버트런드 러셀Bertrand Russell, 1872~1970의 말이다.

제2차 세계대전 당시 남태평양 어느 섬에서 미 공군기지가 폐쇄된 이후에 이상한 일이 벌어졌다. 전쟁 중에 비행기들이 온갖 진기한 물건들을 섬으로 가져온 걸 본 주민들은 전쟁 후에도 비행기가 착륙하기만 기다리면서 '과학적인' 제사를 지냈다. "활주로 같은 것을 만들고 양옆을 따라 불을 피우고 통나무집을 만들어 사람을 앉혀놓고 헤드폰 같은 것을 나무로 만들어 머리에 씌운 뒤 대나무를 안테나처럼 씌웠다. 그들에게는 그것이 관제탑이었다."

물론 비행기는 돌아오지 않았다. 미국 물리학자 리처드 파인먼Richard Feynman, 1918~1988은 이 에피소드를 거론하면서 '화물 숭배 과학cargo cult science'이라는 표현을 만들어냈다. 화물 숭배 과학은 외형만 과학일 뿐 실제로 과학적인 것이 아무것도 없는 걸 가리키는 말이다. 파인먼은 의심은 과학의 동력이라며 이런 명언을 남겼다. "의심은 두려워할 것이 아니다. 오히려 매우 가치 있는 것이다."[25]

"사실 위에 정의를 세울 수는 있어도 정의 위에 사실을 세울 도리는 없다. 나는 신념이 가득 찬 자들보다는 의심이 가득 찬 자들을 신뢰한다."[26] 소설가 김훈이 어느 강연에서 한 말이다. 의심을 긍정하거나 찬양한

다고 해서 사사건건 남을 의심하는 사람이 되라는 뜻
이 아니다. 자기 확신이 지나친 독선적인 사람들 들으
라고 한 말로 보는 게 좋겠다. 요즘은 정치 논쟁을 하
는 사람들이 드물지만, 한 번이라도 그런 걸 해본 사람
이라면 우리가 의심을 찬양해야 할 필요성을 절감할
것이다.

진실마저
민주화되어야
하는가?

*

19세기 오스트리아 빈에서 의사로 일했던 이그나즈 제멜바이스Ignaz P. Semmelweis, 1818~1865는 당시의 지배적인 의학 패러다임인 미아즈마 이론(병은 나쁜 공기를 통해 옮는다는 이론)에 역행해 의료진에게 철저한 손 씻기를 강조했다가 병원에서 해고되어 우울증에 빠졌다. 프랑스 세균학자 루이 파스퇴르Louis Pasteur, 1822~1895의 연구로 바이러스와 박테리아가 질병의 원인이라는 다른 패러다임이 통용되기까지는 그로부터 반세기의 세월이 더 걸렸다.

벨기에의 정신분석학자 파울 페르하에어Paul Verhaeghe는 『우리는 어떻게 괴물이 되어가는가』(2012)에서 이

유명한 에피소드를 소개하면서 이렇게 말한다. "패러 다임의 힘은 대단하다. 패러다임은 특정 집단(경제학 자, 정신과 의사, 법학자 등)이 가진 강제적 확신의 총체 이며, 해당 집단의 사고와 행동뿐 아니라 사회관계에 서도 큰 영향을 미친다. 자기 집단과 다르게 생각하는 사람은 투쟁의 대상이다."[27]

"사람들은 상충하는 주장을 접하면 사실 면에서 덜 타당하더라도 좀더 기분을 좋게 해주는 주장을 택하려 는 경향이 있다." 미국 정치학자 토머스 패터슨Thomas E. Patterson이 『뉴스 생태학』(2013)에서 한 말이다. 다른 정치학자 랜스 베넷W. Lance Bennett은 그런 경향을 '진실의 민주화the democratization of truth'라고 불렀는데, 심리학자들은 '동기에 의한 추론motivated reasoning'으로 설명한다. 이와 비슷한 '확증 편향confirmation bias'은 우리의 신념과 일치하는 자료에 주의가 쏠리는 자동적인 경향인 반면, 동기에 의한 추론은 우리가 좋아하는 것보다 좋아하지 않는 것에 대해 더 까다롭게 따지는 보완적인 경향이다.[28]

"새로운 과학적 진실은 반대자를 설득하고 이해시킴으로써 승리를 얻기보다 그 반대자가 마침내 죽은 까닭에 승리를 얻는다." 양자이론의 기초를 마련한 독일 물리학자 막스 플랑크Max Planck, 1858~1947의 말이다. 사회학자 던컨 와츠Duncan J. Watts가 『상식의 배반』(2011)에서 "확증 편향과 동기에 의한 추론은 과학에서도 해로운 역할을 한다"며 인용한 말이다.[29] 진실마저 민주화되어야 하는가? 그래선 안 되지만, 우리 인간이 원래 그렇게 생겨 먹었다는 걸 이해해야 필요 이상으로 실망하거나 좌절하는 일이 없을 게다.

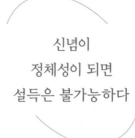

신념이
정체성이 되면
설득은 불가능하다

*

"그가 속았다는 사실을 납득시키는 것보다 그를 속이는 일이 더 쉽다."[30] 미국 작가 마크 트웨인Mark Twain, 1835~1910의 말이다.

"신념이 확고한 사람을 설득하는 일은 매우 어렵다. 당신이 동의하지 않으면 그는 마음을 닫아버리고, 사실과 증거를 들이대면 출처를 의심하며, 논리로 호소하면 논점을 오해한다"[31] 미국 사회심리학자 레온 페스팅거Leon Festinger, 1919~1989가 『예언이 끝났을 때』(1956)에서 한 말이다.

"사람을 죽이거나 생포할 수 있는 능력은 사람의 마음을 바꿀 수 있는 능력에 비하면 하찮기 그지없

다."[32] 미국 『워싱턴포스트』 칼럼니스트 리처드 코언 Richard Cohen이 1991년에 한 말이다.

미국 정치학자 브렌던 나이한Brendan Nyhan과 영국 정치학자 제이슨 라이플러Jason Reifler는 2010년에 발표한 「교정이 실패할 때: 정치적 오해의 지속」이란 논문에서 일부 당파주의자들이 기존 신념을 포기하지 않을 뿐 아니라 일단 자신의 신념이 도전받으면 그것을 더욱 강력하게 고수하는 '역화 효과backfire effect'가 나타나는 것을 입증했다.[33]

미국 철학자 리 매킨타이어Lee McIntyre는 『지구가 평평하다고 믿는 사람과 즐겁고 생산적인 대화를 나누는 법』(2021)에서 "누군가의 신념에 도전하는 것은 그 사람의 정체성에 도전하는 일이라는 사실을 기억하라!"고 경고한다.[34]

신념이 정체성이 되면 설득은 사실상 불가능하다. 그런 어려움 때문에 오늘날까지도 비이성적인 선전·선동이 기승을 부리는 건지 모르겠다. 이성적인 설득에 저항하던 사람일지라도 간접적·우회적으로 퍼붓는 감성적 메시지 홍수엔 자신도 모르게 쉽게 넘어가기도 하니, 우리 인간이 참 묘하다.

한국인은
말은 잘하지만
대화는 잘 못한다

*

"한국 청소년들은 말은 잘하지만 대화(소통)는 되지 않는다." 고려대학교 미디어학부 교수 민영의 말이다. 2011년 국제교육협의회가 전 세계 36개국 중학교 2학년 학생 14만 600여 명을 대상으로 조사한 '국제 시민 의식 교육 연구' 자료에 따르면, 한국 학생은 사회 갈등의 민주적 해결 절차에 관한 '지식'을 묻는 영역에서는 전체 2위를 차지했지만, 지역사회나 교내 자치 활동에 대한 참여를 의미하는 '관계지향성'과 '사회적 협력 부문'에선 최하위를 기록했다. 민영은 이 조사 결과를 거론하면서 "이는 아는 것과 실천하는 것의 괴리가 크다는 방증"이라며 이와 같이 해석했다.[35] 청소년만 그런 건 아닐 게다. 성인들도 다를 게 없다. 한국인들이 보통 자기주장만 강하게 하는 사람을 가리켜 "말 잘한다"고 평가하는 게 우연은 아닌 셈이다.

"엄마 아빠가 대화하자고 좀 안 했으면 좋겠어요. 편하게 말하라고 하시는데 별로 할 말도 없고 앉아 있는 게 힘들어요." 작가 은유의 글쓰기 수업에 참석한 20세 수강생의 말이라고 한다. 이에 대해 은유는 「이거 대화 아닌데요?」라는 『한겨레』 칼럼에서 다음과 같이 말했다.

"대화는 관계의 윤활유라고 아는 난 혼란스러웠다.

알고 보니 부모가 운동권 출신이란다. 어릴 때부터 지속된 소통형 참교육에 피로감을 느낀다고 했다. 그럴 수 있다. 자식이 보기에 부모는 돈, 힘, 지식을 다 가진 강자다. 자식의 생살여탈권, 적어도 용돈권을 쥐고 있다. 그런 비대칭적 관계에서 약자는 발언의 수위를 검열하거나 잠자코 들어야 하는 정서 노동을 피하기 어렵다. 대화가 배운 부모의 좋은 부모 코스프레가 되고 마는 것이다."[36]

물론 정도의 차이가 있을 뿐 한국인만 그런 건 아닐 게다. 서양의 지식인들이 생산해낸 다음과 같은 명언들이 유통되고 있다는 게 그걸 말해준다. "우리는 많은 말을 하지만, 대화하지 않는다."(새뮤얼 존슨)[37] "'모르겠는데요'라는 말만 계속 반복해도 대화는 엄청나게 향상될 것이다."(앙드레 모루아)[38] "우리는 대화의 기술을 배워야 한다."(조너선 색스)[39]

'가슴으로 생각하는 사람들'과
소통할 수 있는가?

"'진실스러움'이 이 나라를 찢어놓고 있습니다.……뭐가 중요한가요? 당신이 사실이길 원하는 게 중요합니까, 아니면 사실이 중요합니까?" 미국 코미디언 스티븐 콜베어Stephen Colbert의 말이다. 2005년 10월 17일 콜베어는 자신이 진행하는 심야 프로그램 첫 방송에서 '진실스러움truthiness'이란 용어를 만들어 사용했다. 그는 미국이 '머리로 생각하는 사람들'과 '가슴으로 생각하는 사람들'이라는 두 진영으로 갈라져 있다며, 자신은 가슴으로 이해하는 사람이라고 자랑스럽게 말했다.

콜베어는 '진실스러움'을 "증거나 논리, 사실을 고려하지 않고 직감이나 다른 사람의 인식에 근거해 특정 발언이 사실이라고 믿거나 주장하는 것"으로 정의하면서, 조지 부시George W. Bush의 이라크 침공에 대해 이렇게 말했다. "이 사실을 생각해보면, 전쟁을 합리화하기에 부족한 점이 보일 것입니다. 하지만 사담 후세인을 살려두면 안 된다는 건 직감으로 느껴지지 않습니까?"[40]

'진실스러움'이란 단어는 전 분야로 퍼져나가 학술용어로까지 자리 잡았다. 오늘날 디지털혁명이 '가짜뉴스'를 양산해내면서 진실은 점점 더 안개 속으로 사라지고 있다. 여론을 형성하는 데 객관적 사실이 감정과 개인적 믿음에 호소하는 것보다 덜 영향을 미치는, 이른바 '탈진실post-truth의 세계'가 열린 것이다.[41]

한 사람의 내부에서도 '머리'와 '가슴' 사이의 소통은 쉽지 않은 일이었건만, 이제 우리는 '머리로 생각하는 사람들'과 '가슴으로 생각하는 사람들'이라는 두 진영 사이에서 벌어지는 갈등과 대결에 갇히면서 불통을 당연시하는 세상을 향해 치닫고 있다.

영감은
아마추어들이나
찾는 것인가?

*

"쇼팽은 산책을 하던 중에 문득 어떤 영감이 그의 머리를 울리면 서둘러 피아노로 뛰어가 그 아이디어를 종이에 적었다." 프랑스 소설가 조르주 상드George Sand, 1804~1876의 말이다. 폴란드 작곡가이자 피아니스트인 쇼팽Fryderyk Franciszek Chopin, 1810~1849과 연애를 했던 상드는 그런 영감이 쇼팽에게는 가슴을 비틀어 찢는 비극의 시작이라고 했다.

쇼팽은 여러 날 자기 방에 틀어박혀 울다가, 왔다 갔다 서성이다가, 연필을 여러 조작으로 분지르다가, 오선의 세로줄을 골백번도 더 변경했다가, 다시 지워내고 다시 쓰고, 절망적인 집요함으로 단 한 장의 페이

지를 붙들고 늘어졌다는 것이다.[42]

"나는 영감이 떠오를 때 글을 쓴다. 다행히 매일 아침 9시에 영감이 떠오른다." 미국 소설가 윌리엄 포크너William Faulkner, 1897~1962의 말이다. 아마추어들은 글을 쓰고 싶다는 마음이 생길 때까지 기다리지만, 프로들은 매일 정시에 출퇴근하는 직장인처럼 글을 쓴다는 뜻이다.[43] 그는 인터뷰에서 영감에 대한 질문을 받고 이렇게 퉁명스럽게 답하기도 했다. "저는 영감에 대해서 아무것도 알지 못합니다. 왜냐하면 저는 영감이 무엇인지 모르니까요. 저는 영감에 대해 들어는 보았으나 직접 보지는 못했습니다."[44]

"영감? 영감은 아마추어들이나 찾는 것이죠." 미국화가이자 사진작가인 척 클로스Chuck Close의 말이다. 그는 "영감을 어디에서 얻는가?"라는 질문에 그렇게 답했다는데, 그의 말을 더 들어보자. "우리 '프로들'은 그냥 아침에 작업실에 일하러 갑니다. 꾸준히 작업을 하는 행동 자체에서 무엇인가가 자라나기를 기다립니다. 일하다 보면 새로운 문이 발견되고, 그럼 그 문을 발로 걸어차죠."[45]

영감은 예술가마다 다르다고 보는 게 옳겠다. 쇼팽처럼 영감과의 혈투를 벌인 예술가도 있지만, 아예 영감을 비웃는 예술가들도 있으니 말이다. 프랑스 극작가 장 아누이Jean Anouilh, 1910~1987는 아예 "영감이라고? 그건 시인이 폼을 잡기 위해 꾸며낸 것에 불과하다"고 일축했다.[46] 결국, 각자 알아서 자기 나름의 영감을 찾아내는 수밖엔 없을 것 같다. 미국 소설가 잭 런던Jack London, 1876~1916의 이런 방식은 어떤가? "영감이 찾아오기를 기다리고만 있을 수는 없다. 몽둥이를 들고 영감을 찾아나서야 한다."[47]

제8장

인간처럼
불가사의한 수수께끼로
꽉 찬 존재는 없다

인간은
동물과 닮은 게 아니라
동물이다

*

"인간은 인간에게 늑대다." 영국 철학자 토머스 홉스
Thomas Hobbes, 1588~1679가 『리바이어던』(1651)에서
한 말이다. 이 말의 원조는 고대 로마의 희극작가 티투
스 마치우스 플라우투스Titus Maccius Plautus, B.C.254~
BC.184지만, 홉스 덕분에 세계에 널리 알려진 명언이 되
었다. "인간의 조건은 만인에 대한 만인의 투쟁이다"는
뜻이다.[1]

"인간은 강력한 공격성을 본능적으로 타고난 동물
이다. 결국 그에게 이웃은 도움을 주는 사람이나 성적
대상일 뿐 아니라, 자신의 공격성을 충족시키고, 보상
없이 노동력을 착취하고, 동의 없이 성적으로 이용하

며, 가진 것을 빼앗고, 모욕하며, 고통을 주고, 고문하고 죽일 수 있는 대상이다."[2] 정신분석의 창시자 지그문트 프로이트Sigmund Freud, 1856~1939가 『문명 속의 불만』(1929)에서 "인간은 인간에게 늑대"라는 플라우투스의 말을 인용하면서 한 말이다.

"우리에게 단순히 동물과 닮은 점이 있는 것이 아니다. 우리가 바로 동물이다."[3] 영국 철학자 메리 미즐리Mary Midgley, 1919~2018가 『야수와 인간Beast and Man』(1978)에서 한 말이다. "영장류를 연구하면 할수록 진화론의 입장에서 가장 가까운 원숭이와 우리 인간의 차이점이 무엇인지 점점 더 분간하기 어려워진다."[4] 미국의 영장류 동물학자 존 미타니John Mitani의 말이다.

인간을 동물로 보건 그렇지 않건, 고대 그리스의 비극 시인 소포클레스Sophocles, B.C.496~B.C.406의 『안티고네』에 나오는 다음 주장에 동의하긴 어렵지 않을 게다. "세상에 불가사의한 것은 많다. 그렇지만 인간처럼 불가사의한 수수께끼로 꽉 찬 존재는 없다."[5]

불관용은
신앙의
속성이다

*

"금지된 종파로 머물러 있던 2세기 동안 기독교는 종교적 신념이 자발적이며 강제될 수 없는 것이라는 이유로 관용을 주장했다. 그러나 자신들의 신념이 지배적인 교의가 되어 배후에 국가권력을 업게 되자 그들은 이러한 견해를 저버렸다."[6] 아일랜드 역사가 존 베리John B. Bury, 1861~1927가 『사상의 자유의 역사』(1914)에서 한 말이다.

"관용이 바로 진정한 교회를 나타내는 중요한 지표이다." 영국 사상가 존 로크John Locke, 1632~1704가 1688년 익명으로 출간한 『관용에 관한 편지』에서 한 말이다. 이어 그는 이렇게 말했다. "종교는 오로지 미

덕과 경건함으로 인간의 삶을 규제하도록 만들어졌
다. 즉 인간이 믿지 않는 것에 대해 믿도록 할 권리가
없다. 복음서에서 말하고 있듯이 어느 누구도 믿음이
없이는 기독교인이 될 수 없다. 여기서 믿음이란 강요
가 아니라 사랑에 의해 작용하는 것이다.”

　영국 언론인 로버트 하그리브스Robert Hargreaves는
『표현 자유의 역사』(2002)에서 “로크는 자신의 논거
가 종교가 아닌 정치에 적용될 것이라고는 생각하지
않았으며, 모든 종교에 대해 보편적으로 적용될 것으
로도 생각하지 않았다”며 이렇게 말한다.

"특히 가톨릭은 그가 주장한 관용의 범위 내에 존재하지 않았다. 마치 전후 미국의 공산주의자들처럼, 그는 가톨릭을 내부의 적으로 간주했기 때문이다.……가톨릭이 개신교와 동등하게 받아들여지기까지는 100년 이상의 시간이 필요했다."[7]

이렇듯 관용은 오랜 세월 이른바 '내로남불'의 피해자였다. 아니 관용은 종교의 덕목이 아니라는 데에 근본적인 문제가 있었다. 프랑스 사회심리학자 귀스타브 르봉Gustave Le Bon, 1841~1931은 "신앙의 가장 변함없는 일반적인 성격 중의 하나는 불관용이다"며 "신앙이 강하면 강할수록, 불관용은 더욱더 비타협적이된다. 확신에 사로잡혀 있는 사람은 그것을 받아들이지 않는 자들을 용서할 수 없다"고 했다.[8]

이는 정치에서도 그대로 나타난다. 오랜 세월 불관용의 탄압에 시달리면서 정치적 신념을 신앙처럼 여기면서 버티던 사람들이 권력을 갖게 되면 불관용의 피해자에서 가해자로 둔갑하는 건 거의 법칙처럼 되어버리고 말았다.

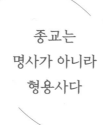

종교는
명사가 아니라
형용사다

*

"종교의 영역에서, 사람들이 오로지 한 가지 계획만을 채택해야 한다는 생각에 헌신했을 때 그 결과는 유혈 전쟁이었다. 종교의 자유를 인정하자 전쟁은 멈췄다."[9] 오스트리아 출신의 미국 경제학자 루트비히 폰 미제스 Ludwig von Mises, 1881~1973가 『에필로그』(1947)에서 한 말이다.

"종교는 불안의 치료법일 뿐 아니라 불안의 원인이 다." 미국 사회학자 앨런 호위츠Allan V. Horwitz가 『불 안의 시대: 역사 이전부터 불안은 존재했다』(2013)에 서 한 말이다. "천국에 갈 수 있을지에 대한 걱정과 벌 을 받을지도 모른다는 죄의식은 잠재적인 불안의 원

천이 되었다"는 것이다.[10]

"종교는 명사가 아니라 형용사가 되어야 한다." 서강대학교 종교학과 명예교수 백성호가 한 말이다. 그는 "제도 종교의 시대는 막을 내렸다. 이제는 종교에서 영성으로 가야 한다"며 이렇게 말했다. "영성은 제도권 종교 내에 머물기도 하고, 초월하기도 하고, 종교와 비종교의 경계선을 허무는가 하면, 종교 간의 장벽도 뛰어넘을 수 있는 매우 유연하고 무정형적 성격을 갖고 있다. 그러니 종교는 명사가 아니라 형용사가 되어야 한다." 이어 그는 명사와 형용사의 차이에 대해 다음과 같이 말했다.

"종교가 명사가 될 때는 딱딱 자른다. 내 편과 네 편을 가른다. 세례를 받았느냐, 교회에 나가느냐를 따진다. 그걸로 이쪽과 저쪽을 나눈다. 하지만 자비로운 불교 신자가 탐욕스런 목사보다 낫지 않나. 또 겸손하고 사랑을 베푸는 크리스천이 탐욕스런 주지 스님보다 낫지 않나. 종교가 형용사가 되면 달라진다. 명사가 될 때는 불가능한 많은 일이 형용사가 될 때는 가능해진다. 가령 예수를 닮은 불자, 부처를 닮은 크리스천도 얼마든지 가능하다. 얼마나 좋나."[11]

그것을
말하기엔
너무 이르다

*

"역사란 많은 거짓말 중에서 진실과 가장 가까운 거짓
말이다."[12] 프랑스 계몽사상가 장 자크 루소Jean Jacques
Rousseau, 1712~1778의 말이다.

"역사란 무엇인가? 미래에 울려 퍼지는 과거의 메
아리다." 프랑스 작가 빅토르 위고Victor Hugo, 1802~
1885의 말이다. '과거의 메아리'란 '과거 사건들이 후
대後代에 가르쳐주는 교훈'으로 이해할 수 있겠다.[13]

"역사란 우리가 원하는 대로 어떤 단어건 만들어낼
수 있는 어린애들의 글자 맞추기판이다."[14] 영국 역사
가 제임스 프루드James Froude, 1818~1894의 말이다.

"역사란 한 시대가 다른 시대에서 기록할 만한 가

치가 있다고 발견한 것의 기록이다."[15] 스위스 역사가 야코프 부르크하르트Jakob Burckhardt, 1818~1897의 말이다.

"역사란 역사가와 사실들 간 계속되는 상호작용의 과정이며, 현재와 과거 사이의 끊임없는 대화다."[16] 영국 역사가 E. H. 카E. H. Carr, 1892~1982가 『역사란 무엇인가』(1961)에서 한 말이다.

"역사란 역사가의 경험이다. 그것은 역사가에 의해서만 만들어진다. 역사는 쓰는 것이 역사를 만드는 유일한 길이기 때문이다."[17] 영국 역사가 마이클 오크쇼트Michael Oakeshott, 1901~1990의 말이다.

역사란 무엇인가? 그 누구건 이 역사가들처럼 얼마든지 자기 나름의 정의를 내릴 수 있다. 돌려서 말하는 것도 좋고, 뭔가 심오한 뜻이 있는 것처럼 허세를 부릴 수도 있다. 독일 사상가이자 경제학자인 카를 마르크스Karl Marx, 1818~1883는 "인간은 그들 자신의 역사를 만들지만 그들이 원하는 대로 만들진 못한다"고 했고, 중국 지도자 덩샤오핑鄧小平, 1904~1997은 프랑스혁명이 옳은 것이었느냐는 질문에 잠시 숙고한 후에 이런 엉뚱한 답을 내놓았다. "그것을 말하기엔 너무 이르다."[18]

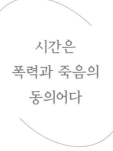

시간은
폭력과 죽음의
동의어다

*

"시간은 다시 담을 수 없는 곳으로 도망간다."[19] 고대 로마 시인 베르길리우스Vergilius, B.C.70~B.C.19의 말이다.

"지금까지는 내가 시간을 함부로 썼는데, 이제 시간이 나를 함부로 하는구나."[20] 영국 극작가 윌리엄 셰익스피어William Shakespere, 1564~1616의 연극 〈리처드 2세〉에 나오는 대사다.

"시간이 전부이고 인간은 더는 아무것도 아니다. 인간은 기껏해야 시간의 구체화일 뿐이다."[21] 독일 사상가이자 경제학자인 카를 마르크스Karl Marx, 1818~1883의 말이다.

"시간은 모든 것을 파괴한다. 우리가 사랑하는 모

든 것을. 우리가 사랑하는 모든 사람들을. 그러나 시간은 우리가 싫어하는 모든 것, 모든 사람들, 우리를 증오하는 모든 사람들, 그리고 고통, 심지어 죽음까지도 파괴하는 장점이 있다는 사실을 인정할 필요가 있다. 결국 시간은 우리들 자신을 파괴함으로써 우리의 모든 상喪과 모든 고통의 원천에 종지부를 찍는 것이다."[22] 프랑스 작가 미셸 투르니에Michel Tournier, 1924~2016가 『외면일기: 미셸 투르니에 산문집』(2002)에서 한 말이다.

"시간이란 폭력과 죽음의 동의어다." 프랑스 철학자 베르트랑 베르줄리Bertrand Vergely가 『슬픈 날들의 철학』(2003)에서 한 말이다. 그는 "시간은 지나가면서 우리를 닳아 없어지게 한다. 그것은 우리가 사랑하는 모든 것을 앗아간다"고 말한다. 프랑스 가수 레오 페레Léo Ferré, 1916~1993는 그런 안타까움을 이렇게 노래했다. "시간과 더불어, 시간과 더불어, 모든 것이 떠나가네. 가장 멋진 기억조차도……사랑이 홀로 가버린 토요일 저녁."[23]

시계는
현대 문명의
어머니다

*

"신들이여, 시간을 구분하는 법을 처음 발견한 사람을 꾸짖어 주소서! 또 여기에 해시계를 세운 사람도 꾸짖어 주소서. 나의 하루를 이렇게 야비하게 나누고 잘라 작은 마디로 끊어놓다니." 고대 로마의 희극작가 티투스 마치우스 플라우투스Titus Maccius Plautus, B.C.254~BC.184의 말이다.

이에 미국 내과 의사이자 작가인 리처드 스웬슨Richard A. Swenson은 『여유』(2004)에서 "물론 그때는 시간 광란은 아직 시작되지 않았다"며 "만일 플라우투스가 오늘날 살아 있다면, 그는 아마 전차를 타고 절벽으로 떨어졌을지도 모른다"고 했다.[24] 그러나 어이하

랴. 시계를 비난하거나 저주하기보다는 찬양하는 사
람이 훨씬 많았으니 말이다.

　"시계의 도움으로 좀더 질서 정연한 생활을 하고,
그래서 행복해지고 만족하고 싶다."1481년 프랑스
리옹의 시민들이 시市 안에 시계를 세워달라고 청원하

면서 한 말이다. 영국 사상가 시어도어 젤딘Theodore Zeldin은 "도시의 상인과 기업가들은 정확한 시간 지키기의 주된 옹호자였다"며 "성당을 건립하고 나서, 그들은 이 세상에 질서가 존재한다는 사실을 보여주겠다는 똑같은 목적으로 시계탑을 세웠다"고 했다.[25]

"시계는 우리 문화에서 가장 중요한 기계다. 시계는 인간의 일상적 활동에서 행동과 조정을 빠르게 함으로써 현대적 진보와 효율을 가능하게 만들었다." 미국의 기술사가技術史家 루이스 멈퍼드Lewis Mumford, 1895~1990의 말이다. 그는 시계를 인간 자신의 사유 방식과 세계에 대한 인식을 변화시키는 힘을 갖는 이른바 '규정 기술defining technology'로 여겼다.[26]

"시계는 '모든 기계들의 어머니'다."[27] 미국 역사가 대니얼 부어스틴Daniel J. Boorstin, 1914~2004의 말이다. 시계는 사실상 '현대 문명의 어머니'라는 말이 아닌가? 그러니 시계를 어찌 비난하거나 저주할 수 있으랴. 물론 현대 문명을 비난하거나 저주하겠다면 이야기는 달라지겠지만 말이다.

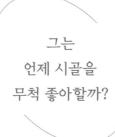

그는
언제 시골을
무척 좋아할까?

*

"대도시에서는 각종 음모와 흉계가 난무하고, 종교나 원칙이 없는 게으름뱅이들로 가득 차 있다. 이들의 상상력은 나태, 태만, 쾌락에 대한 집착, 욕구 불만 등에 의해 악화될 뿐이다. 이들은 인간 구실을 제대로 할 수 없고 말썽만을 일으킬 뿐이다."[28] 프랑스 계몽사상가 장 자크 루소Jean Jacques Rousseau, 1712~1778가 『정치와 예술』 (1758)에서 한 말이다. 그래도 사람들은 대도시에서 살고 싶어 하는 걸 어이하랴.

"그는 시골을 무척 좋아한다. 그런데 실은 그가 시골이 가장 좋아지는 것은 도시에서 시골에 관해 배우고 있을 때이다." 영국 시인 윌리엄 쿠퍼William Cowper,

1731~1800의 말이다. 서울에 집중되어 있는 이른바 '서울공화국 방송'이 지방과 시골을 다루는 전형적인 이데올로기이기도 하다. 휴식과 여가를 위해 지방과 시골을 찾는 건 해볼 만한 일이지만, 직접 살기는 싫다는 것이다.

"도시는 그야말로 관심을 얻기 위한 전쟁 속에 있다." 독일 작가 마르쿠스 슈뢰르Markus Schroer가 『공간, 장소, 경계』(2006)에서 한 말이다. 그는 "이런 중에 도시는 마치 브랜드처럼 거래된다"며 다음과 같이 말한다.

"도시들은 자기들이 무엇을 가지고 있는지를 보여주며, 자기 도시의 이름을 들으면 특정 건물, 광장, 집, 역사적 사건, 일어난 일, 인물이 즉각 연상되기를 원한다. 부정적인 점은 가능하면 감추고 보이지 않게 한다.……이 때문에 도시들은 '잉여인간'들을 도시를 대표하는 공간에서 몰아내고, 중심에서 주변으로 밀어내고자 한다."[29]

그런 전쟁에 참전하면서 휴식을 위해 지방을 찾는 서울 사람들이 꼭 하는 말이 있다. "이렇게 공기 좋은 곳에서 사시니 얼마나 좋습니까?" 그러면 지방 사람은 웃으면서 맞장구를 쳐주긴 하지만, 내심 "그럼 니가 내려와서 살아라!"라고 말해주고 싶어 한다. "그는 대도시를 무척 좋아한다. 그런데 실은 그가 대도시가 가장 좋아지는 것은 시골에서 대도시에 관해 배우고 있을 때이다"고 말할 순 없는 걸까? 그렇게 말할 수 있는 날이 올 것 같진 않지만 말이다.

재능이 있고
튀는 사람은
대도시로 가라

*

"작은 마을에서 성공할 가능성이 높은 사람은 튀지 않고 재능이 없는 보통 사람이다. 작은 공동체는 흔히 기발한 행동을 용인하지 않는다. 반면, 도시는 그런 것에 상을 준다." 미국 사회학자 로버트 파크Robert E. Park, 1864~1944가 『도시The City』(1925)에서 한 말이다. 즉, 마을이 절대 허용할 수 없는 것과 대조적으로, 대도시는 모험가에게 능력의 한계를 탐색할 기회를 제공한다는 것이다.[30]

"도시의 정글, 그 광활함과 고독에는 긍정적인 인간적 가치가 있다." 미국 사회학자 리처드 세넷Richard Sennett이 『무질서의 효용』(1970)에서 한 말이다. 그는

도시에선 계급 간 분리가 이루어지긴 하지만 궁극적으로는 도시의 용광로적 환경이 원만한 개인을 만들어낸다고 주장했다. 사람들이 저마다 다른 관점에 노출되어 자신의 개인적 견해와 조화되게끔 한다면 말이다.[31]

"도시의 중심은 혁신과 창의성의 도가니가 되어왔다."[32] 미국 도시학자 리처드 플로리다Richard Florida가 『도시와 창조계급』(2004)에서 한 말이다. "인간의 협력에서 비롯된 힘이야말로 문명의 성공을 뒷받침한 진실이며 기본적으로 도시가 존재해야 하는 이유다."[33] 미국 경제학자 에드워드 글레이저Edward Glaeser가 『도시의 승리』(2011)에서 한 말이다.

이 세상 모든 게 다 그렇듯이, 도시는 두 얼굴을 갖고 있다. 도시는 앞서 파크, 플로리다, 글레이저가 예찬한 장점을 갖고 있는 동시에 '지방 소멸'의 이유가 된다. 재능이 있고 튀는 사람은 대도시로 가는 게 좋겠지만, 그런 인재들을 빼앗긴 지역은 어찌할 것인가? 지난 반세기 넘게 확인된 답은 간단하다. "그냥 당하거나, 억울하면 대도시로 가라."

한국은
도덕 쟁탈전을 벌이는
거대한 극장이다

*

"정치는 도덕과 아무런 관계가 없다."[34] 이탈리아 사상가 마키아벨리Niccolò Machiavelli, 1469~1527의 말이다. 그는 당시 '도덕 정치'를 했던 조선이라는 나라를 전혀 몰랐나 보다. 영국 작가 오스카 와일드Oscar Wilde, 1854~1900는 "도덕을 말하는 사람은 대개 위선자다"고 했지만,[35] 위선자 이전에 권력자여야만 도덕을 말할 수 있다.

　"도덕주의자들은 남들에게 어떻게 살아야 하고 어떻게 행동해야 하는지를 가르치려 애쓴다." 영국 철학자 앤서니 그레일링Anthony C. Grayling이 『미덕과 악덕에 관한 철학사전』(2001)에서 한 말이다. 그는 "도덕주의자들은 대체로 동성애, 낙태, 매춘, 검열, 신성모

독, 미혼모 등의 사안들을 관대하게 처리하는 법안 제
정에 반대한다"며 이렇게 말한다. "그러나 그런 태도
는 실상 그들 자신이 개인적으로 싫어하는 생활양식
에 적대감을 표출하는 것이며, 자신의 취향을 '가정의
도덕family morality'이라는 전통주의적 환상으로 포장
하여 남들에게 강요하려는 것이다."[36]

한국 사회는 어떨까? "우리나라에는 너무 선비가
많아 입 뻥긋하기가 어렵다." 한국 출신의 세계적인
비디오 아티스트 백남준이 1993년 다음과 같은 이야
기 끝에 한 말이다.

"예술가들은 여태까지 자본주의적 가치를 부정하
는 방향에서, 즉 자본주의와 안티테티컬한 입장에서
자기들의 이상주의를 추구해왔다. 그런데 이제부터는
예술가는 신생 자본주의의 선봉장이 될 것이다. 공장
에 쌓인 물건을 소비시켜주고, 필요한 돈의 회전을 만
들어주게 될 것이다. 이런 나의 생각에 대해 나는 도덕
적 호오好惡를 알지는 못한다."[37]

"한국 사회는 사람들이 화려한 도덕 쟁탈전을 벌이
는 하나의 거대한 극장이다." 일본 철학자 오구라 기
조小倉紀藏가 『한국은 하나의 철학이다』(1998)에서 한
말이다. 서울대학교 철학과에서 8년간 유학한 그는
"조선시대에는 도덕을 쟁취하는 순간, 권력과 부가 저

절로 굴러 들어온다고 모두가 믿고 있었다"며 한국을 '도덕 지향성 국가'라고 했다. 한국인이 언제나 모두 도덕적으로 살고 있다는 뜻이 아니라 사람들의 모든 언동을 도덕으로 환원해 평가한다는 의미에서다. 또 그는 일본에서 도덕의 이미지는 '노인·보수'인 반면, 한국에서 도덕의 이미지는 '청춘·혁신'이라고 했다.[38]

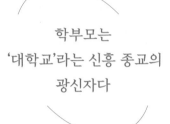

학부모는
'대학교'라는 신흥 종교의
광신자다

*

"대학 교육의 절반 정도는 기본적으로 제로섬게임인 '분류' 과정을 위해 낭비되고 있다." 영국 케임브리지 대학 경제학자 장하준이 『그들이 말하지 않는 23가지』 (2010)에서 대학 진학률이 높은 미국, 한국, 핀란드 등과 같은 나라에서 그렇다며 한 말이다. '분류'와 관련, 그는 이렇게 말한다. "대학을 나왔다는 사실 자체가 대학을 가지 않은 사람들보다 똑똑하고, 의지가 강하며, 조직적 사고력이 있다는 신호가 된다. 대졸자를 모집하는 회사는 각 지원자의 전문 지식보다는 이런 일반적 능력을 보고 채용하는 것이다."[39]

"대학은 특권층을 배출할 뿐 사람들을 미래에 대비

시키지 못한다." 미국 실리콘밸리의 기업가이자 투자가인 피터 틸Peter Thiel의 말이다. 그는 2011년에 '틸 장학금Thiel Fellowship'을 창설해 창업에 뜻을 둔 젊은 이들에게 대학을 그만두고 '새로운 뭔가를 만들어내도록' 지원했다. 이에 대해 저널리스트 루시 그린Lucie Greene은 다음과 같이 말한다.

"이런 분위기는 마크 저커버그에서 빌 게이츠, 스티브 잡스에 이르기까지 실리콘밸리의 가장 성공적인 리더들이 대학을 중퇴했고 구글의 세르게이 브린도 박사 과정을 중단했다는 사실에 힘입어 증폭되었다.

그런데 흥미로운 사실도 있다. 모두 하나같이-하버드, 리드, 스탠퍼드라는-명문대학에 입학한 다음 중퇴를 결심했다는 것이다. 그들이 시스템 자체를 완전히 배척하지는 않았다는 것이다. 명문대학에 입학한 사실은 그들의 위용을 보여주는 증거가 되므로, 중도에 그만둔다고 결정해도 자랑할 권리를 안겨주었다."[40]

학부모 단체 대표 전풍자는 1994년 "한국의 학부모들은 '대학교'라는 신흥 종교의 광신자로서 자녀의 인간적 성장 후원자가 아닌 경쟁 후원자의 역할만 하고 있다"고 했는데,[41] 약 30년이 지난 오늘날에도 유효한 진단이 아닌가 싶다. 물론 '대학교' 앞에 '명문'이라는 단어를 넣어야 성립할 수 있는 진술이긴 하지만 말이다.

제9장

개인은
집단의 일원이 되면
바로 바보가 된다

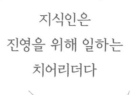

지식인은
진영을 위해 일하는
치어리더다

*

"지식인은 고독하다. 아무도 그에게 어떤 역할을 위임한 적이 없기 때문이다."[1] 프랑스의 실존주의 철학자 장폴 사르트르Jean-Paul Sartre, 1905~1980가 『지식인을 위한 변명』(1965)에서 한 말이다.

"하버드 교수들로 구성된 정부보다는 차라리 보스턴 전화번호부 처음에 나오는 400명으로 구성된 정부가 나을 것이다."[2] 미국의 보수 논객 윌리엄 버클리 William F. Buckley, 1925~2008의 말이다. 미국 보수의 강한 반지성주의와 반엘리트주의를 상징해주는 말이다.

"미국 정치가 점차 부족적인 특징을 띠게 되면서 사람들은 지적으로 탐닉하는 사상가들이 던지는 흥미로운 질문을 듣기보다는 누가 그것을 제공하든지 간에 자신들의 견해를 확인시켜주는 말을 듣는 데 더 관심을 갖게 되었다."[3] 미국 작가 아난드 기리다라다스 Anand Giridharadas가 『엘리트 독식사회』(2018)에서 한 말이다.

아난드 기리다라다스는 이런 '정치적 양극화' 체제 하에선 정파성을 초월해 독자적인 판단을 내리는 '공공 지식인public intellectuals'은 소멸의 길을 걷게 된다고 말한다. 어느 진영에건 몸을 담지 않으면 자신의 주장을 경청해줄 수용자를 만나는 것 자체가 매우 어려워지기 때문이다. '공공 지식인'이 사라진 곳에서 번성하는 건 각자 자기 진영의 이해관계를 대변하는 '양극화 선동가들polarization entrepreneurs'뿐이다. 엄밀히 말하자면, '공공 지식인'이 사라졌다기보다는 달라진 수요에 따라 '양극화 선동가'로 변신했다고 보는 게 옳을 것이다.

이 '양극화 선동가'들을 여전히 지식인으로 부를 수 있다면, 이제 지식인은 고독하지 않다. 연예인에게 소속 기획사가 필요하듯이, 이젠 지식인이 되기 위한 절대적 조건은 소속사 역할을 하는 진영이기 때문이다. 독일 사회학자 막스 베버Max Weber, 1864~1920는 "사람들이 듣기 싫어하는 것을 말하는 것이야말로 바로 우리 학문의 소명이다"고 했다지만, 이젠 진영의 이익을 위해 치어리더 역할을 잘하는 게 지식인의 사명이 된 건 아닌지 모르겠다.

'정의 중독'은 인정투쟁 민주화의 부작용이다

*

"사회정의라는 개념의 가장 큰 위험은 사회정의가 법 규라는 개념을 훼손하고 결국은 파괴한다는 사실이다." 영국 경제학자 프리드리히 하이에크Friedrich August von Hayek, 1899~1992의 말이다. 오스트리아 출신인 그는 자 유시장경제의 열렬한 옹호자였다. 미국 경제학자 토머 스 소웰Thomas Sowell의 해설에 따르면, "하이에크는 열 정적으로 사회정의라는 개념을 진실하게 촉진시키는 사람들은 자신도 모르게 다른 사람들(전체주의자들)이 정부 권력의 이데올로기적, 정치적, 법적 장벽들을 음 험한 수단으로 훼손시켜 그들의 임무를 더 쉽게 만들어 개입할 수 있는 길을 준비하고 있기 때문에 더 위험하

다"고 보았다.[4]

과도한 우려일 수 있지만, 하이에크라고 하면 '보수파'라고 손을 내저으며 귀를 닫는 사람들의 반감도 과도하다. 디지털혁명의 산물인 SNS로 인한 인정투쟁의 민주화가 이루어지면서 '정의감 중독'이라는 현상이 광범위하게 나타나고 있다는 점에 주목할 필요가 있겠다. 일본의 인지과학자 나카노 노부코中野信子

는 『샤덴프로이데: 타인의 불행에서 느끼는 은밀한 쾌감』(2018)에서 다음과 같이 말한다.

"자신과는 아무 관계없는 대상에게 사회정의를 집행함으로써 전혀 모르는 사람들로부터 인정받으면 기쁨과 만족감을 얻을 수 있다. 효과가 클 뿐만 아니라 익명으로 행한 것이니 보복당할 위험도 거의 없다. 이런 식으로 우리는 '정의 중독'에 빠진다. 그리고 지금도 누군가는 이타적 징벌의 쾌락을 얻기 위해 규탄할 대상을 찾아다니고 있다."[5]

나카노 노부코는 "인정 중독자가 사용하는 수단은 게시물을 올려 관심을 끄는 것만이 아니다. 자신은 공격받지 않으면서 많은 사람의 찬동을 얻는 방법, 때로는 갈채까지 받을 방법이 있으니까 말이다"며 이렇게 말한다. "억지로라도 '악'을 찾아내어 '악한 자'를 심판대에 세운 다음, 자신은 대다수가 지지하는 '정의'의 자리에 서서 그 악인을 가차 없이 공격하는 것이다. 인정 중독자 중 가장 위험한 유형이 이와 같은 '정의 중독자'이다."[6] 이런 '정의 중독'은 인정투쟁의 민주화가 낳은 부작용이라 할 수 있겠다.

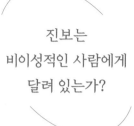

진보는
비이성적인 사람에게
달려 있는가?

*

"인류의 진보에 한계란 없다. 인류가 위치한 이 지구라
는 공간이 존속하는 한 말이다."[7] 프랑스 철학자이자 수
학자 콩도르세Condorcet, 1743~1794의 말이다. 진보는
당시 계몽사상가들의 신앙이었다. 콩도르세는 천상에
서 구원이 아닌 지상에서 '자연적 구원'으로 인간은 영
원히 살 수 있다고 했다.[8]

　　"소련 지식인들은 낙관적인 분위기에 휩쓸려 진보
의 이름으로 스탈린 체제가 조성한 공포에 눈을 감았
다." 영국 역사학자 올랜도 파이지스Orlando Figes가
『속삭이는 사회: 스탈린 시대 보통 사람들의 삶, 내면,
기억』(2007)에서 한 말이다.

1930년대 초 소련에서 진행된 새로운 건설 위주의 변화 속도는 머리가 어지러울 정도로 빨라서 거의 모든 이를 낙관주의자로 만들었다. 심지어 이런 노래까지 불려졌다고 한다. "우리의 소비에트 생활은 너무나 행복하고 빛나서 다가올 시대의 아이들은 우리 시대에 태어나지 못했다고 아마도 밤에 침대에서 울고 있을 거야."[9]

"이성적인 사람은 자신을 세상에 적응시킨다. 그러나 비이성적인 사람은 고집스럽게 세상을 자신에게 적응시키려고 애쓴다. 그래서 모든 진보는 비이성적인 사람에게 달려 있다."[10] 영국 작가 조지 버나드 쇼 George Bernard Shaw, 1856~1950가 『인간과 초인』(1902)에서 한 말이다.

"인류의 진보는 비이성적인 사람이나 비이성적인 방식으로 행동하는 사람들에게 의존하지 않는다." 스위스에서 활동하는 미국 경영학자 필 로젠츠바이크Phil Rosenzweig가 『올바른 결정은 어떻게 하는가』(2014)에서 조지 버나드 쇼의 이 주장을 반박하면서 한 말이다.

로젠츠바이크는 "진보가 비이성적인 사람들의 행동 덕분이라는 주장이 그럴듯하게 들리지만 진실은 훨씬 복잡하다. 이전의 성취를 뛰어넘는 것은 광기와 무모함의 영역이 아니다. 그것은 주의 깊은 분석과 위

험 관리 능력 그리고 미지의 세계로 한 걸음 더 다가가
려는 의지가 결합돼야 달성할 수 있는 영역인 것이다"
고 주장했다.[11]

철학의
시작은
'놀라움'이다

*

"놀라워하는 자세는 철학자의 전형적인 태도이다. 철학의 시작에는 놀라움 이외에 다른 길이 없다." 고대 그리스 철학자 소크라테스Socrates, B.C.469~B.C.399의 말이다. "우리가 매 순간 부딪히는 이해할 수 없는 삶의 상황에 의문을 느낌으로써 놀라움은 오늘날까지 우리에게 철학하도록 이끌어왔다." 고대 그리스 철학자 아리스토텔레스Aristotles, B.C.384~B.C.322의 말이다.

플라톤Platon, B.C.427~B.C.347도 놀라움과 철학을 연결시켰다. 철학자 진교훈은 「철학과 문학의 만남: 놀라움과 찬미」라는 글에서 "이 놀라움이란 일상생활의 동물적 의식에만 사로잡혀 있던 인간이 세상의 풍부

한 근원 앞에서 깜짝 놀라 서 있는 상태를 말하는 것"
이라고 했다.[12]

　"철학과 실제 세상과의 관계는 자위와 성애와의 관
계와 같다."[13] 독일 사상가이자 경제학자인 카를 마르
크스Karl Marx, 1818~1883의 말이다. "우리들 철학자는
도리를 따라야 한다. 정치에서 손을 떼야 한다. 수학 공
부라도 하도록 하라."[14] 프랑스 철학자이자 소설가 프
랑수아 모리아크François Mauriac, 1885~1970의 말이다.
혁명적 민주연합, 세계시민운동 등 여기저기 쇼핑하듯
참여에 열중하던 후배 철학자 장 폴 사르트르Jean-Paul

Sartre, 1905~1980에 대해 한 말이다.

"철학자들은 종종 외톨이이며 다른 사람들, 특히 여자들과 잘 지내지 못한다. 선구적인 철학자의 반수 이상이 결혼을 하지 않았다."[15] 독일 작가 외르크 치틀라우Jörg Zittlau가 『너드: 세상의 비웃음을 받던 아웃사이더, 세상을 비웃다!』(2011)에서 철학자와 너드nerd의 공통점에 대해 논하면서 한 말이다.

그는 철학자들이 "육체적인 것에 무관심하거나 부정적인 태도를 취한다"고 했는데, 사실 이는 수백 년 전부터 지적되어온 철학자들의 특성이었다. '놀라움'이 철학의 시작이라면, 육체 특히 이성의 육체적 신비에 놀랐을 법한데도 그걸 무시했다니 이거야말로 놀라운 일이다.

왜
전통시장을 살리자면서
자신은 안 가는가?

*

"진심은 오로지 행동을 통해서만 드러난다." 미국 경제
학자 폴 새뮤얼슨Paul Samuelson, 1915~2009의 말이다.
'현대 경제학의 아버지'로 불리기도 하는 그가 1947년
에 출간한 『경제분석의 기초』에서 제시한 '현시 선호
이론顯示選好理論, revealed preference theory'의 핵심 주장이
다. 현시 선호 이론은 측정할 수 있는 행위를 기반으로
소비자 선호도를 도출해내는 이론이다.[16]

"전통시장 살리자면서 왜 본인은 안 가십니까?" 경
제 칼럼니스트 오철이 2018년에 쓴 칼럼에서 현시 선
호 이론을 설명하기 위해 던진 질문이다. 그는 "말과
행동이 다른 것에 대한 고민, 시장에서 나타나는 소비

자들의 현실적인 선택에 기초해서 소비자 이론을 설명하고자 하는 데서 이 '현시 선호 이론'은 시작되었다"며 다음과 같이 말한다.

"우리 고유의 전통시장을 살리기 위해 정부는 소득 공제를 포함해 상품권도 공동으로 사용할 수 있게 만들어주고, 주차장도 만들어주며, 대형마트 휴무일까지 강제하는 노력을 하고 있지만, 정작 전통시장은 살아

나지 않는다. 많은 사람들도 이 사실을 안타까워하고 전통시장을 살려야 한다고 말한다. 하지만, 문제는 그렇게 전통시장을 살리자고 했던 우리의 발걸음은 언제나 대형마트를 향하고 있다는 것이다.……즉 많은 사람들이 입으로는 전통시장을 살리자고 하지만, 실제 드러나는 선호를 보면 대형마트를 선호한다고 나타난다."[17]

신념이 행동을 형성하는가, 아니면 행동이 신념을 형성하는가? 미국 사회심리학자 대릴 벰Daryl Bem은 행동이 감정뿐만 아니라 믿음까지도 바꾼다고 주장하면서 '자기지각 이론self-perception theory'을 내놓았다. 이 이론에 따르면, 구체적인 신념이 없을 때 우리는 자신이 왜 그런 행동을 하는지 모르면서 어떤 행동을 자주 하게 되며, 나중에 자신이 한 행동을 정당화하려고 이미 저지른 행동에 맞게 신념을 세운다.[18] 일단 행동을 저지르게끔 하는 게 중요하다는 뜻이다.

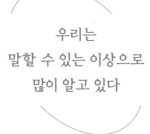

우리는
말할 수 있는 이상으로
많이 알고 있다

*

" '무용한' 지식의 가장 중요한 이점은 숙고하는 습관을 조성해준다는 점이다." 영국 철학자 버트런드 러셀Bertrand Russell, 1872~1970의 말이다. 그는 "우리는 지식을 수단으로 어떤 능력을 획득하면 사회에 혜택을 주는 일에 그 능력을 사용할 것이라고 너무도 성급하게 가정해왔다"며 "좁은 의미의 실용적 교육은 인간의 기능뿐아니라 인간의 목적도 교육되어야 한다는 점을 무시하고 있다"고 비판했다.[19]

"우리는 우리가 말할 수 있는 것 이상으로 많이 알고 있다." 헝가리 출신으로 영국에서 활동한 화학자이자 철학자인 마이클 폴라니Michael Polanyi, 1891~1976의

말이다. 그는 『개인적 지식』(1958)에서 지식을 겉으로 분명하게 표현된 걸 이해할 수 있는 '표출적 지식explicit knowledge'과 표현하기가 매우 어려운 '암묵적 지식tacit knowledge'으로 나누었다.

'표출적 지식'은 '명제적 지식propositional knowledge', '형식지', '명시지', '공식지'라고 부르기도 하며, '암묵적 지식'은 줄여서 '암묵지'라고 부른다. '암묵지'를 '신체지' 또는 '경험지experiential knowledge'라고도 한다. 그는 기존의 철학적 인식론이 형식지만을 특권화하고 있다고 비판하면서 암묵지의 중요성을 강조했다.[20]

"제약 없는 지구촌 경제는 경제 불평등을 심화시킬 뿐만 아니라 지식 불평등epistemic inequality도 조장한다." 미국 철학자 마이클 린치Michael Lynch가 『인간 인터넷』(2016)에서 한 말이다. 그는 "모든 사람은 똑같이 지식 자원에 접근할 기본적 권리가 있다"고 주장한다.[21] 이는 어떤 지식 자원을 우대하느냐에 따라 달라질 수 있는 문제이기에 우리가 암묵지를 제대로 대접하고 있는지 따져볼 필요가 있겠다.

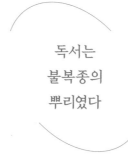

독서는
불복종의
뿌리였다

＊

"200년 전 독서는 불복종의 뿌리였으며 어떻게 해서든지 막아야만 하는 행위였다." 독일 심리학자이자 신경과학자인 에른스트 푀펠Ernst Pöppel이 『노력중독』(2013)에서 한 말이다. 책을 읽는 사람은 책 속에서 자신만의 생각과 상상에 빠져 부모와 사제와 스승의 말을 무시했기 때문이라고 한다.[22] 물론 이젠 까마득한 옛날이야기다.

"더이상 학생들에게 책 한 권을 다 읽게 할 수 없어요." 미국 듀크대학의 영문학자 캐서린 해일스Katherine Hayles가 2008년에 한 말이다.[23] 학생만 그런 건 아니다. 교수도 마찬가지다. "나는 종이 매체 또는 인터넷

에서조차 장문의 기사를 읽는 능력을 완전히 잃어버렸다.” 의료 영역에서 컴퓨터 사용에 대한 블로그를 운영하는 미시간대학 의대 병리학자 브루스 프리드먼 Bruce Friedman의 말이다.

프리드먼은 『생각하지 않는 사람들: 인터넷이 우리의 뇌 구조를 바꾸고 있다』(2010)의 저자인 니컬러스 카Nicholas Carr와의 전화 통화에선 이렇게 말했다. “저는 더이상 『전쟁과 평화』와 같은 책을 읽을 수가 없습니다. 그럴 능력을 잃어버렸어요. 서너 단락이 넘는 블로그 글조차도 집중하기 어려워요. 그냥 쓱 보고 말죠.”[24]

영국 작가 메리 몬터규Mary Wortley Montagu, 1689~1762는 “독서만큼 값싼 즐길거리는 없으며, 오래 지속되는 즐거움도 없다”고 했지만,[25] 그는 18세기 사람이었다는 걸 감안할 필요가 있겠다. 미국 초월주의 작가 헨리 데이비드 소로Henry David Thoreau, 1817~1862는 “얼마나 많은 사람들이 독서를 통해 삶의 전환기를 맞았던가!”라고 했지만,[26] 그 역시 디지털 미디어가 존재하지 않았던 19세기 사람이었다.

군중은
모순에 대해
무관심하다

*

"군중을 지배하는 것은 신념이 아니라 충동이다."[27] 미국의 노예제 폐지 운동가이자 사회개혁가인 보스턴 변호사 웬들 필립스Wendell Phillips, 1811~1884의 말이다. "군중은 늘 이성이 아닌 공감으로 생각한다." 미국 작가이자 성직자인 윌리엄 앨저William Rounseville Alger, 1822~1905의 말이다.

"군중은 토론이 없으며 따라서 아무런 반성도 없다. 그것은 단순히 '치고받을' 뿐이다."[28] 미국 사회학자 로버트 파크Robert Park, 1864~1944의 말이다. "군중은 항상 단호한 의지를 지닌 소수를 추종한다." 프랑스의 반의회주의 운동가 샤를 모라스Charles Maurras,

1868~1952의 말이다. 그는 대중에 의해 긍정적이고 창
조적인 행위가 이루어졌던 사례는 역사 속에서 단 하
나도 찾을 수 없다고 주장했다.[29]

　"'모순에 대한 무관심'은 군중이 서로 어울리지 않
는 관념들-국수주의적인 관념과 사회주의적인 관념,
박애의 관념과 증오의 관념 등등-거리낌없이 받아들
여 조합하면서 그러한 관념들의 비논리성이나 말의
충돌에는 조금도 거북하게 생각하지 않는다는 사실에
서 볼 수 있다." 루마니아 태생의 프랑스 사회심리학

자 세르주 모스코비치Serge Moscovici, 1925~2014가 『군중의 시대』(1981)에서 한 말이다. 이어 그는 "모순에 대한 무관심은 왜 대중이 순식간에 한 의견에서 정반대의 의견으로 저도 모르는 사이에 이행할 수 있고 또 그것을 깨닫는다 하더라도 의견을 수정하려고 하지 않는지를 설명해준다"고 했다.[30]

미국 정치가이자 금융가인 버나드 바루크Bernard Baruch, 1870~1965는 "개인은 누구든 현명하고 합리적이지만, 집단의 일원이 되면 바로 바보가 된다"고 했다.[31] 정치만큼 이 말을 실감나게 해주는 게 또 있으랴. 멀쩡한 사람일지라도 정당이라는 집단의 일원이 되면 어리석고 때론 사악한 인간이 되기를 마다하지 않는 것도 따지고 보면 '모순에 대한 무관심' 때문에 벌어지는 일일 게다.

미국인은
물질에 대해
별 관심이 없다

*

"돈에 대한 숭배가 인간에 대한 애정을 압도하는 나라를 나는 미국 이외의 어느 곳에서도 본 적이 없다."[32] 프랑스 사상가 알렉시 드 토크빌Alexis de Tocqueville, 1805~1859이 『미국의 민주주의』(1835)에서 한 말이다.[33] 토크빌 외에도 수많은 외국인이 미국인들의 지극한 돈 사랑에 주목했다.

1790년대에 미국을 여행한 프랑스 사회개혁가 프랑수아 라로슈푸코 리앙쿠르François de La Rochefoucauld Liancourt, 1779~1863는 "미국은 부자가 되고 싶은 욕망이 지배적인 나라다"고 했고, 1805년 영국 농학자 리처드 파킨슨Richard Parkinson, 1748~1815은 "미국 사람들은 모두 돈을 추구한다"고 했다. 독일 사회학자 막스 베버Max Weber, 1864~1920까지 가세해 "미국인들의 최고선은 더 많은 돈을 버는 것이다"고 주장했다.[34]

그러나 1946년에 미국에 귀화한 영국 시인 W. H. 오든W. H. Auden, 1907~1973은 「허크와 올리버Huck and Oliver」(1963)라는 유명한 글에서 다른 견해를 제시했다. 그는 "유럽에서 돈은 권력을 상징한다.-곧 돈은 자기가 하고 싶어 하는 일을 할 수 있는 자유를 준다. 그래서 유럽인들은 자기는 되도록 많은 돈을 갖되 다른 사람은 적게 갖기를 원한다"며 다음과 같이 말했다.

"반면, 미국에서 돈은 자연이라는 용과 싸워서 얻는 것, 즉 남성다움의 상징이 된다. 미국에서 중요한 것은 돈을 갖는 것이 아니라 돈을 버는 것이다. 그래서 미국인들은 일단 돈을 벌면 그걸 쉽게 남에게 주어버리기도 한다. 거기에는 장점과 단점이 있다. 유럽인들의 단점은 탐욕과 비열이다. 미국인들의 단점은 돈 버는 것이 남성다움의 표식이기 때문에, 어디에서 그만두어야 할는지를 모른다는 것이다.……나는 유럽인들이 미국인들을 물질주의자라고 비난할 때마다 혼란스럽다. 사실 미국인들은 물질에 대해 별 관심이 없기 때문이다. 놀라운 것은 그들의 낭비다. 반대로 미국인들을 놀라게 하는 것은 유럽인들의 탐욕이다."[35]

　미국인은 물질에 대해 별 관심이 없다니 흥미롭거
니와 놀라운 주장이다. 믿어도 될까? 한 국가의 인구,
그것도 3억 명이 넘는 거대한 인구가 공통된 특성이
있을 거라고 가정하는 것 자체가 무리가 아닌가 싶다.
물질에 대해 별 관심이 없는 미국인도 많다는 정도의
주장이 무난할 것 같다.

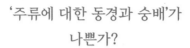

'주류에 대한 동경과 숭배'가
나쁜가?

*

"많은 유대인들이 지적인 명성을 얻었음에도 사회적으로는 언제나 열등한 사람으로 취급되었다." 미국 사회학자 루이스 코저Lewis Coser, 1913~2003가 『사회사상사』(1975)에서 한 말이다. "이들 대부분은 그들의 지위 불일치 때문에 심각한 고통을 겪고 있었고, 정도의 차이는 있지만 모두 유대인의 자기 혐오를 나타내게 되었다."[36]

독일 사상가이자 경제학자인 카를 마르크스Karl Marx, 1818~1883의 가정은 타산적인 이유로 유대교에서 기독교로 개종했지만, 여전히 따돌림과 편견의 대상이 되었다고 한다. 이와 관련, 코저는 "마르크스는 일생 동안 외부로부터 가해져온 유대인이라는 인상으

로부터 벗어나려고 온갖 노력을 다했고 그 결과 그는 유대인을 그가 경멸하던 더럽고 추악한 성격과 행동을 지닌 사람으로 보게 되었다"며 이렇게 말했다.

"마르크스의 글 속에서 유대인은 전형적으로 고리대금업자나 환전상換錢商으로 나타나고 있다. 이스라엘의 자손은 영원히 금송아지 앞에서 춤추고 있는 모습으로 그려지고 있는 것이다.(아마도 마르크스가 평생 동안 돈 모으는 것을 싫어한 것은 이러한 유대적 성격에 대한 그의 반감과 관련이 있을 것이다.)"[37]

"나는 항상 주류 미국인에 속하기 위해 일해왔다." 유대인으로 미국의 영화감독이자 제작자인 스티븐 스필버그Steven Spielberg가 1987년 인터뷰에서 한 말이다. 이어 그는 다음과 같이 말했다. "내가 어떻게 인식되고 있는지가 나의 관심사이다. 제일 먼저는 가족, 두 번째는 친구들, 세 번째로는 대중에 의해서 말이다."

미국 언론인 닐 게이블러Neal Gabler는 『그들 자신의 왕국: 어떻게 유대인들이 할리우드를 만들어냈는가』(1988)에서 유대인들의 '주류에 대한 동경과 숭배'가 할리우드 유대인들의 정신이었다고 주장했다.[38] '주류에 대한 동경과 숭배'는 어감이 별로 좋지 않게 들리지만, 유대인들에겐 그것이 안전한 생존을 위한 투쟁의 결과였으므로 좀 달리 보아야 하는 건 아닌지 모르겠다.

제10장

민주주의는
최악의
정부 형태다

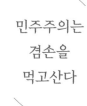

민주주의는 겸손을 먹고산다

*

"정말이지 민주주의는 최악의 정부 형태다. 그동안 채택되었던 다른 모든 정부 형태를 제외한다면." 영국 정치가 윈스턴 처칠Winston Churchill, 1874~1965의 말이다. "민주주의는 좋다. 다른 제도들이 더 나쁘기 때문에 이렇게 말하는 것이다."[1] 인도 정치가 자와할랄 네루 Jawaharlal Nehru, 1889~1964의 말이다.

이렇듯 민주주의는 차선次善 또는 차악次惡으로서만 계속 존재해야 하는가? 이건 아닌 것 같다는 생각을 하면서도 마땅한 대안이 없어서 계속 끌고 가야만 하는 것, 그게 바로 민주주의인지도 모르겠다. 그렇다면 민주주의의 운영에서 가장 필요한 덕목은 겸손일 게

다. 호주 정치학자 존 킨John Keane은 『민주주의의 삶과 죽음』(2009)에서 "겸손한 사람은 환상 없이 살려고 노력하는 사람이다"며 다음과 같이 말한다.

"그들은 허영과 허위를 싫어하며, 호언장담을 가장 한 난센스, 거짓말, 높은 자리에 앉아서 떠드는 엉터리 같은 소리를 싫어한다. 겸손한 인간은 자신이 땅에 발 딛고 사는 거주자라고 느낀다(겸손을 뜻하는 영어 단어 'humility'의 어원은 '땅'을 뜻하는 라틴어 'humus'이다). 이들은 자신이 모든 것을 알지 못한다는 것을 안다."

이어 킨은 겸손을 민주주의 문제와 연결시킨다. 그는 "민주적 이상은 언제 어디서나 겸손한 자들의, 겸손한 자들에 의한, 겸손한 자들을 위한 통치라는 관점에서 생각한다"며 다음과 같이 말한다. "민주주의는 겸손 위에서 번영한다. 겸손은 얌전하고 순한 성격 혹은 굴종과 절대로 혼동해서는 안 되는, 민주주의의 가장 기본적인 덕이며 오만한 자존심의 해독제이다. 이는 자기 자신과 타인의 한계를 알고 인정하는 능력이다."[2] 민주주의에서 가장 경계해야 할 것은 바로 오만이며, 그런 의미에서 민주주의는 겸손을 먹고산다고 해도 과언이 아니다.

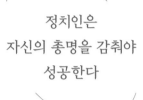

정치인은
자신의 총명을 감춰야
성공한다

*

"사실상, 오늘날 정치라는 무대를 지배하고 있는 (혹은 점점 그렇게 할) 사람들은 그 사회의 진정한 반영이 아니다." 미국 뉴욕대학 정치학 교수 버나드 마넹Bernard Manin이 『선거는 민주적인가』(1997)에서 한 말이다. 그는 "대의 정부는 지금도 여전히 그것이 처음 설립되었을 때의 방식, 즉, 사회적 신분이나 생활방식, 그리고 교육에 따라 시민들과는 구분되는 소위 엘리트의 통치로 남아 있다"며 다음과 같이 말했다.

"오늘날 우리가 목격하고 있는 현실은 단지 '새로운 엘리트의 부상과 다른 엘리트의 퇴조'일 뿐이다. 한 엘리트가 다른 엘리트로 대체되는 것 이상으로 위기

의식을 불러일으키고 있는 것은, 통치를 받는 사람과 통치하는 사람 사이의 간극의 지속, 혹은 그것의 심화이다. 현재 진행되고 있는 사태는 대의제가 통치자와 피통치자 간의 동일성을 더욱 진작시킬 것이라는 생각이 그릇된 것임을 보여준다."[3]

이렇듯 엘리트에 대한 정치학자들의 인식은 좋지 않다. 일반 유권자들의 인식은 좋지 않은 정도를 넘어서 적대적이다. 그래서 정치인들은 엘리트임에도 엘리트가 아닌 것처럼 보이려고 무진 애를 쓴다. 미국 철학자 스티븐 아스마Stephen T. Asma는 『편애하는 인간』(2013)에서 "엘리트주의에 대한 미국인의 적개심은 버락 오바마가 대통령 선거운동을 할 때 잘 드러났다"며 "오바마는 대중에게 덜 위협적으로 보이려고(즉, 지식인으로 보이지 않으려고) 자신의 총명함과 지적인 성취를 거듭 깎아내려야 했다"고 말했다. 일반적인 미국의 공인公人들은 대중을 자기편으로 만들려고 총명함을 감추거나 미안해한다는 것이다.

아스마는 그런 풍토를 비판하면서 이렇게 주장한다. "나는 우리의 정치적 지도자들이 '보통 사람'이기를 바라지 않는다. 오히려 아는 것도 많고 현명한 엘리트였으면 좋겠다. 아주 뛰어난 사람이 우리의 지도자이기를 바란다."[4] 이성적으론 옳은 주장이지만, 유권자들은 지도자를 선택할 때에 이성보다는 감성에 더 의존한다는 게 문제다. 어쩌겠는가? 그게 바로 민주주의의 바꿀 수 없는 속성인 것을.

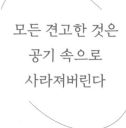

모든 견고한 것은
공기 속으로
사라져버린다

*

"모든 견고한 것은 공기 속으로 사라져버린다." 독일 사상가이자 경제학자인 카를 마르크스Karl Marx, 1818~1883와 프리드리히 엥겔스Friedrich Engels, 1820~1895가 『공산당 선언』(1848)에서 한 말이다. 영국 역사학자 로버트 스키델스키Robert Skidelsky는 "이는 자본주의 체제 아래에서 기술, 숙련, 삶의 방식이 겪는 끊임없는 혁명을 가리키는 것이다"며 "사회의 구조를 이처럼 끊임없이 찢어발기는 행동은 노동자와 소비자 양쪽 모두에게 고달픈 일이다"고 말한다.[5]

"자본주의는 다른 많은 제도의 도덕적 권위를 파괴하고 궁극에는 자본주의 자체의 도덕적 권위마저 파

괴할 비판적 정신을 키워낼 것이다."[6] 오스트리아 출신의 미국 경제학자 조지프 슘페터Joseph A. Schumpeter, 1883~1950가 『자본주의, 사회주의, 그리고 민주주의』(1947)에서 한 말이다.

"자본주의는 투자자, 직원, 사업가, 소비자 등 모든 당사자가 공모하고 꾸미는 도덕을 초월한 익살극이다."[7] 미국 실리콘밸리에서 비공식적으로 통용되는 자본주의의 정의라고 한다. "천민자본주의라는 말은 자본주의 자체의 본질적 모순을 은폐하게 만든다." 작가 박남일이 『어용사전: 철학적 인민 실용사전』(2014)에서 한 말이다. '천민'이라는 말로 신분 차별을 인정하고, 천민자본주의가 아닌 자본주의를 긍정적으로 보는 관점이 깔려 있다는 것이다.[8]

"자본주의를 이야기하는 사람은 누구든 사회를 경제로 축소하는 위험에 빠진다."[9] 독일 사회학자 디르크 베커Dirk Baecker의 말이다. 이탈리아 철학자 마우리치오 라차라토Maurizio Lazzarato는 자본주의는 궁극적으로 "경제가 아닌 정치"라고 주장한다. 자본주의는 생산을 중심으로 놓는 경제의 체제가 아니라, "점유하고 분배하고 생산하는" 것을 규정하는 힘을 그 중심으로 삼는다는 점에서 정치의 체제라는 것이다.[10]

싸움의 대상이
모호해 혁명은
멀어졌다

*

"통념과는 정반대로, 아주 보수적인 사람들이 폭력적인 혁명에 더 열중한다." 프랑스의 사회심리학자 귀스타브 르봉Gustave Le Bon, 1841~1931이 프랑스혁명을 다룬 『혁명의 심리학』(1912)에서 한 말이다. "그런 사람들은 보수적인 까닭에 스스로 적절히 변화하지 못하거나 환경의 변화에 제대로 적응하지 못한다. 그렇기 때문에 그 불일치가 지나치게 커지면 보수주의자들은 갑자기 스스로를 적응시키려 노력한다. 이 급작스런 변화가 혁명이 된다."[11]

"그들은 사회를 바꾸는 데에 관심이 없다. 아직은 아니다. 그들은 그들 자신의 일, 자신을 발견하는 것

에만 관심을 두고 있다. 그들이 원하는 것은 자기 존재 증명일 뿐 혁명이 아니다."[12] 미국의 급진적 빈민운동가이자 지역사회 조직가인 솔 알린스키Saul Alinsky, 1909~1972가 현실주의적 철저함을 갖추지 못한 채 낭만에만 사로잡혀 있던 1960년대 신좌파 학생운동가들을 비판하면서 한 말이다.

"혁명을 위해 희생을 해야 하는 순간부터 혁명은 멈춘다." 벨기에 사상가 라울 바네겜Raoul Vaneigem이 『일상생활의 혁명』(1967)에서 한 말이다. 이어 그는 이렇게 말했다. "혁명의 길을 잃고 물신화된다. 혁명적 순간들은 다시 태어난 사회와 개인적 삶의 결합을 축하하는 축제들이다. 희생에 대한 요구는 여기에서 종말의 종소리처럼 울린다."[13]

"싸움의 대상이 모호해지면서 혁명은 멀어졌다. 현실의 복잡성을 영화에 담는다."[14] 영화감독 봉준호의 말이다. 영화 〈기생충〉으로 미국 아카데미상 4관왕(2020년 2월 9일 수상)에 오르기 전 이른바 '오스카 레이스' 중 외국 기자들에게서 "혁명을 하자는 것인가?"라는 질문을 받고 한 말이다. 영화는 문제 제기를 할 뿐이고, 나머지는 현실의 몫이란 설명이었다.

자본주의는
성적 억압을
필요로 한다

*

"부르주아화가 진행되면 진행될수록 성은 억압된다."
네덜란드 역사가 요스 반 우셀Jos Van Ussel, 1918~1976의
말이다. 그는 '서양의 성性 부정否定 이데올로기'는 사회
가 부르주아화되어간 탓이라면서 "성에 대한 수치감을
강화시킨 것은 침실의 밀실화이다"고 주장했다. 이에
대해 미국 역사가 스티븐 컨Stephen Kern은 다음과 같이
말한다.

"이 부르주아 도덕관은 육체를 쾌락을 얻는 도구에
서 생산을 위한 도구로 변화시켰고, 성을 클라이맥스
까지 즐기는 것을 방해했다. 자립, 자제, 일에 대한 애
착이 강조되는 대신, 상호 의존, 탐닉, 즐거움 등을 포

함한 모든 성행위는 억압되었다. 부르주아는 또한 성행위를 '은폐'하는 데도 책임이 있다. 중세에 성행위는 아주 공공연한 일이었던 데 비해, 부르주아 계급의 가정에서는 섹스가 닫힌 문 뒤의 캄캄한 곳에서 몰래 이루어졌다. 침실은 집의 다른 부분과 떨어져 설계되었다."[15]

"사회는 경제적 질서에 필요한 규율을 만들기 위해 성욕을 통제한다." 독일 출신의 미국 철학자 허버트 마르쿠제Herbert Marcuse, 1898~1979가 『에로스와 문명』(1955)에서 한 말이다. 이어 그는 다음과 같이 말했다. "성욕에 대한 제약이 타당해 보일수록 그 제약은 더 보편적이 되고, 그럴수록 그 제약은 점점 더 사회 전체로 스며든다. 이 제약들은 객관적인 목표와 내재화된 힘이 되어 개인에게 영향을 미친다."[16]

어디 생산과 규율뿐인가? 그것 못지않게 중요한 건 소비였다. "시민들이 쇼핑 대신 섹스에 몰두하면 경제는 곧 멈추고 말 것이다." 미국 문화비평가 로라 키프니스Laura Kipnis의 말이다. 웃자고 하는 말로 들을 수도 있겠지만, 자본주의가 성적 통제를 필요로 한다는 건 분명하다. 즉, 생산성과 효율성이라는 이상을 위해 우리는 쾌락, 특히 성적 쾌락을 상당 부분 희생하도록 요구받는다는 것이다.

왜
'좌익 파시즘'이란
말이 나온 걸까?

*

"파시즘의 기본 교의敎義는 자명하다. 민족주의, 사회진화론, 인종주의, 리더십 숭배, 신新귀족주의, 맹종, 그리고 계몽과 프랑스혁명의 이상을 부정하는 것 등이다."[18] 미국 역사가 월터 래커Walter Laqueur, 1921~2018의 말이다.

"생각하지 말고 느껴라!"[19] 이탈리아의 파시즘 지도자 베니토 무솔리니Benito Mussolini, 1883~1945의 말이다. 그는 파시즘의 교리를 다음과 같이 천명했다. "파시즘은 종교적 개념이다. 파시즘이 신앙이 아니라면, 어떻게 그 신봉자에게 금욕주의나 용기를 줄 수 있겠는가?" 무솔리니와 마찬가지로 독일 나치의 아돌프 히틀러Adolf Hitler, 1889~1945도 생각보다는 느낌을 강

조했다. 추종자들에게 감정적 반응만을 요구함으로써 대중을 정치적 목적에 이용하기 위해서였다. 특히 군중 집회가 그런 목적으로 많이 활용되었다. 파시즘을 가능케 한 건 '마이크'였다는 말이 나오는 것도 바로 그런 이유 때문이다.[20]

"그들은 '좌익 파시즘'이다." 독일 철학자 위르겐 하버마스Jürgen Habermas의 말이다. 그는 학생운동 지도자들을 비난하면서 이 말을 썼지만, 나중에 스스로 잘못되었다고 시인했다. 그가 이 말을 통해 던지고자 했던 메시지는 학생운동이 저항의 수단과 목적에 대해 합리적 토론을 생략함으로써 반대를 위한 반대에 빠져 있으며, 이는 '독단적 행동주의'로 전락해 최악이 되면 반민주적이고 폭력적으로 된다는 것이었다.[21]

마르크스 사상에 심취해 1954년 레닌 평화상을 받기도 했던 독일 극작가 베르톨트 브레히트Bertolt Brecht, 1898~1956는 "파시즘이 남긴 최악의 유산은 파시즘과 싸운 자들의 내면에 파시즘을 남기고 사라진다는 사실이다"고 했다.[22] 사실 이게 가장 큰 문제다. 독일 철학자 프리드리히 빌헬름 니체Friedrich Wilhelm Nietzsche, 1844~1900가 경고했듯이, "괴물과 싸우는 사람은 스스로가 괴물이 되지 않도록 조심해야 한다".[23]

돈으로
행복을 살 수 없지만
권력은 살 수 있다

*

"인간을 사악한 권력에 종속시키기 위해 사용하는 수
단 가운데 돈만 한 것은 없다."[24] 고대 그리스 비극 시인
소포클레스Sophocles, B.C.496~B.C.406의 대표작인 『안티
고네Antigone』에 나오는 말이다. 좋은 말이지만, 옛날이
야기다. 사악하건 사악하지 않건 돈 없인 권력을 가질
수 없는 세상이 되었기 때문이다. 특히 미국이 심한 탓
인지 미국의 내로라하는 인물들이 돈이 지배하는 '금
권정치'에 대해 한마디씩 했다.

언론인 윌리엄 앨런 화이트William Allen White, 1868~
1944는 20세기 초 미국 상원을 가리켜 '백만장자 클
럽'이라고 했는데, 역사가 스티브 프레이저Steve Fraser

는 이 클럽의 회원들에 대해 다음과 같이 말했다. "한 주州, 아니 한 지역(주보다 더 넓은 개념)보다 더 큰 것을 대변하고 있다. 그들은 재계의 공국과 권력의 대변자였던 것이다. 어떤 의원은 유니언 퍼시픽 철도를 대변하고 또 어떤 의원은 뉴욕 센트럴 철도를 대변했다. 그리고 어떤 의원들은 뉴욕과 뉴저지 보험업계의 이익을 대변했다."[25]

1950년대엔 텍사스 석유 재벌이자 공화당 활동가인 해럴드슨 헌트Haroldson L. Hunt, 1889~1974는 아예 납세액에 비례해 투표권을 부여하자고 주장하는 책을 출판하기도 했다.[26] 미국 정치학자 새뮤얼 헌팅턴 Samuel P. Huntington, 1927~2008은 『미국 정치론』(1981)에서 "돈은 상품을 구입할 때가 아니라 권력의 구매에 사용될 때 죄악이 된다"고 했지만,[27] 철저한 현실주의자인 그마저도 현실과는 동떨어진 이야기를 하고 말았다.

미국 정치인 마크 그린Mark J. Green은 "돈으로 행복을 살 수 없지만 권력은 살 수 있다"고 했다.[28] 이를 말해주듯, 미국 정치판에서 자주 쓰이는 말 중의 하나로 "백파이프 연주자들은 악기를 사주는 사람이 원하는 대로 연주한다"는 말이 있다.[29] 민주당 상원의원 존 브로John Breaux는 그런 비유법을 동원하지 않고 직설적

으로 "자신의 표를 돈을 받고 팔 수는 없어도 제일 비싼 값을 부리는 사람에게 빌려줄 수는 있다"고 했다.[30]

돈으로 행복은 물론 권력도 살 수 없는 그런 날은 정녕 올 것인가? 영 가능할 것 같지 않지만, 우리 인간이 헛된 기대나마 기대 없이 어찌 세상을 살아갈 수 있으랴.

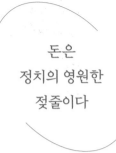

돈은
정치의 영원한
젖줄이다

*

"돈은 정치의 젖줄이다."[31] 1977년에서 1987년까지
10년 넘게 미국 하원의장을 지낸 팁 오닐Tip O'Neill,
1912~1994은 정치에서 돈의 중요성을 그렇게 간결한 한
마디로 정리했다. 물론 이 점에선 공화당과 민주당의
차이는 없었다.

2000년 대선을 전후로 부패가 합법적으로 시작되
고 있다는 한탄이 쏟아졌다. 부와 기업의 정치 지배는
직접적이고 기소 가능한 '경성' 부패와 뇌물이 베일을
쓰고 법과 규제가 의심스러운 목적으로 왜곡되는 '연
성' 부패를 통해 계속되고 있으며 이는 1세기 전 기업
의 상원 지배와 유사한 점이 있다는 것이다.[32]

전문가들은 2000년 이전까지의 대통령 선거 자금 모금을 "부의 예선Wealth primary"이라고 이름 붙였는데, 이는 거액 기부자의 후원이라는 새로운 선거 요소를 압축한 표현이었다. 일부 인사들은 예비선거 자체를 '국가적 경매national auction'라고 조롱했다.[33]

미국에선 정당이건 정치인이건 대선 자금이 많은 쪽이 이긴다는 건 거의 정설처럼 여겨졌다.[34] 2000년부터 2012년까지 실질 달러 가치로 환산한 대선 비용은 4배 이상 증가해 20억 달러를 훌쩍 넘어섰다. 2012년 의회 의석 하나를 얻는 데 드는 비용이 상원은 1,050만 달러, 하원은 보통 170만 달러로, 상하원 모두 1986년보다 선거 비용이 2배 정도 늘어났다.[35]

미국 하원의장을 지낸 낸시 펠로시Nancy Pelosi는 민주당 하원 원내총무 시절이던 2002년 PBS 인터뷰에서 "우리나라 참여민주주의의 가장 큰 적敵 중의 하나는 특별 이익집단이 퍼부어대는 어마어마한 양의 돈이 미치는 영향력이다"고 했다.[36] 그러나 가장 큰 적은 돈의 영향력이라기보다는 모두가 다 알고 있는 그 부당한 영향력을 차단하는 개혁을 할 수 없다는 정치권의 무능이나 부패일 게다.

정당은
종교·친목·이익 단체다

미국 작가 고어 비달Gore Vidal, 1925~2012은 미국 정치
를 "두 개의 우익 정당으로 이뤄진 1당 체제"로 묘사했
다.[37] 그렇다고 해서 두 정당 사이에 차이가 전혀 없는
건 아니었다. 코카콜라와 펩시콜라의 차이 정도는 있었
다. 미국 언론인 로널드 케슬러Ronald Kessler는 『벌거벗
은 대통령 각하』(1995)에서 다음과 같이 말했다. "민주
당 행정부가 코카콜라를 선호한 반면 공화당 행정부는
펩시콜라를 좋아했다. 전통적으로 코카콜라는 민주당
원들과 동맹 관계에 있는 반면, 펩시콜라는 공화당원들
과 동맹 관계에 있기 때문이다."[38]

　"정당을 선택하는 행위는 각 정당의 정강·정책보

다는 오히려 종교나 사교클럽을 선택하는 행위와 훨씬 더 비슷하다."[39] 미국 정치학자 도널드 그린Donald Green 등이 『당파적인 심장과 정신』(2002)에서 한 말이다. 선택 행위만 비슷한 게 아니다. 사실 정당은 종교·친목 단체라고 해도 과언이 아니다. 정당을 통해 이익 추구를 하는 사람도 많으므로 "정당은 종교·친목·이익 단체다"고 말해도 무방할 것이다.

농담이 아니라 정말 그렇다. 정당을 종교·친목·이익 단체로 보는 건 정치 냉소주의도 아니고 정치 혐오주의도 아니다. 있는 그대로의 현실을 인정하고 그 지점에서 출발하는 게 정당의 변질이나 타락을 교정하는 데에도 도움이 된다는 냉정한 현실주의의 산물이다.

국민권익위원회가 발표한 '2022년 부패인식도 조사' 결과를 보면, 일반 국민은 '정당·입법'을 가장 부패하다고 평가한 것으로 나타났다.[40] 그런 상황에서 정당의 당위적 사명만을 강조하는 건 이상과 현실의 괴리만을 키워 오히려 유권자들로 하여금 정치에 더욱 등을 돌리게 할 뿐이다. 차라리 정당은 종교·친목·이익 단체라는 이해에서 출발하면 정당의 공적 역할에 대해 감동하거나 감격할 일도 생기지 않겠는가?

한국엔
네이버신문과
카카오일보가 있다

*

"이는 진실이다. 신문은 지식의 샘이며(그간 대학의 역할
에는 경의를 표한다), 이 시대 모든 대화의, 방방곡곡 보편
적 원천임이."[41] 1770년 『뉴욕 가제트』라는 신문에 실
린 신문 찬양론이다.

"적대적인 신문 4개가 천 명의 병력보다 더 두
렵다."[42] 나폴레옹 보나파르트Napoleon Bonaparte,
1769~1821의 말이다.

"미국을 한데 뭉치게 만든 힘은 바로 신문에 있
었으며, 미국을 단결시키는 데는 여전히 신문이 필
요하다."[43] 프랑스 사상가 알렉시 드 토크빌Alexis de
Tocqueville, 1805~1859의 말이다.

　"우리는 먹을 것과 읽을 신문은 꼭 있어야만 했다. 다른 모든 것은 포기할 수 있었다." 미국 소설가이자 의학자인 올리버 웬들 홈스Oliver Wendell Holmes Sr., 1809~1894의 말이다. 미국 대법관을 지낸 올리버 웬들 홈스Oliver Wendell Holmes Jr., 1841~1935의 아버지로 남북전쟁(1861~1865) 시기인 1861년에 한 말이다.

　이렇게까지 중요하고 때론 위대하기까지 했던 신문이 이젠 죽어가고 있다. "물 한 병을 사면 신문이 공짜!" 2017년 10월 영국 런던 히드로공항 W. H. 스미스(영국 최대 가판 소매점 체인)의 가판 판매대에 쓰인 광고다. 『데일리 텔레그라프』를 사은품으로 주는 특별 판촉 행사였는데, 다른 신문들의 사정도 크게 다르지 않았다.[44]

　"대한민국에는 네이버신문과 카카오일보가 있다."[45] 2018년 4월 포털사이트를 비판한 한국신문협회의 성명이다. 신문을 죽인 주범으로 꼽히는 포털사이트가 신문 기능을 대체하게 된 현실을 신문 스스로 고발한 '명언'이라고 할 수 있겠다.

주

머리말

1 라이언 홀리데이(Ryan Holiday)·스티븐 핸슬먼(Stephen Hanselman), 장원철 옮김,『하루 10분, 내 인생의 재발견: 그리스·로마의 현자들에게 배우는 삶의 지혜』(스몰빅라이프, 2016/2018), 59쪽; 로버트 그린(Robert Greene), 노승영 옮김,『오늘의 법칙: 권력, 유혹, 미스터리, 전쟁, 인간 본성에 대한 366가지 기술』(까치, 2021), 491쪽.

2 앤드루 로버츠(Andrew Roberts), 문수혜 옮김,『승자의 DNA: 300년 전쟁사에서 찾은 승리의 도구』(다산북스, 2019/2021), 114~115쪽.

제1장

1 톰 버틀러 보던(Tom Butler-Bowdon), 이정은 옮김,『내 인생의 탐나는 심리학 50』(흐름출판, 2007/2008), 285쪽.

2 정유진,「'형편에 맞는 꿈'은 꿈이 아니다」,『경향신문』, 2019년 9월 16일, 30면.

3 조너선 색스(Jonathan Sacks), 임재서 옮김,『차이의 존중: 문명의 충돌을 넘어서』(말글빛냄, 2002/2007), 338쪽.

4 얀-베르너 뮐러(Jan-Werner Mueller), 권채령 옮김,『민주주의 공부: 개나 소나 자유 평등 공정인 시대의 진짜 판별법』(윌북,

2021/2022), 221쪽.

5   안희경, 『어크로스 페미니즘: 세계 여성 지성과의 대화』(글항아리, 2017), 65쪽.

6   김누리, 「4·15 총선의 역사적 의미」, 『한겨레』, 2020년 4월 13일, 27면.

7   김용석, 『두 글자의 철학: 혼합의 시대를 즐기는 인간의 조건』(푸른숲, 2005), 153~154쪽.

8   박기종, 「[직장인 레시피] 질투와 시기를 이기는 것은 조직원의 신뢰」, 『매일경제』, 2021년 6월 17일.

9   대럴 레이(Darrel W. Ray), 김승욱 옮김, 『침대 위의 신: 종교는 어떻게 인간의 성을 왜곡하는가』(어마마마, 2012/2013), 356쪽.

10 대럴 레이(Darrel W. Ray), 김승욱 옮김, 『침대 위의 신: 종교는 어떻게 인간의 성을 왜곡하는가』(어마마마, 2012/2013), 356쪽.

11 기형도, 『입 속의 검은 잎』(문학과지성사, 1989), 53쪽.

12 임귀열, 「[임귀열 영어] Life is a sum of choices(인생은 선택의 연속)」, 『한국일보』, 2014년 9월 24일.

13 몬트세라트 귀베르나우(Montserrat Guibernau), 유강은 옮김, 『소속된다는 것: 현대사회의 유대와 분열』(문예출판사, 2013/2015), 109쪽.

14 몬트세라트 귀베르나우(Montserrat Guibernau), 유강은 옮김, 『소속된다는 것: 현대사회의 유대와 분열』(문예출판사, 2013/2015), 38쪽.

15 앨리 러셀 혹실드(Arlie Russell Hochschild), 류현 옮김, 『나를 빌려드립니다: 구글 베이비에서 원톨로지스트까지, 사생활을 사고파는 아웃소싱 자본주의』(이매진, 2012/2013), 353~357쪽.

16 마크 뷰캐넌(Mark Buchanan), 김희봉 옮김, 『세상은 생각보다 단순하다: 격변하는 역사를 읽는 새로운 과학』(지호, 2001/2004), 25쪽.

17 하야시 노부유키(林信行), 김정환 옮김, 『스티브 잡스의 명언 50』

(스펙트럼북스, 2009/2010), 74~75쪽; 강준만,「왜 선택 사항이 많아지면 오히려 불행해지는가?: 선택의 역설」,『우리는 왜 이렇게 사는 걸까?: 세상을 꿰뚫는 50가지 이론 2』(인물과사상사, 2014), 313~318쪽 참고.

18 피터 우벨(Peter A. Ubel), 김태훈 옮김,『욕망의 경제학』(김영사, 2009), 141쪽.

19 레나타 살레츨(Renata Salecl), 박광호 옮김,『선택이라는 이데올로기』(후마니타스, 2010/2014), 12~13쪽.

20 윌리엄 너스(William Knaus), 이상원 옮김,『심리학, 미루는 습관을 바꾸다』(갈매나무, 2010/2013), 21쪽.

21 난 멜링거(Nan Mellinger), 임진숙 옮김,『고기: 욕망의 근원과 변화』(해바라기, 2000/2002), 40쪽.

22 임귀열,「[임귀열 영어] Life has a cause(인생은 인과응보의 필연)」,『한국일보』, 2011년 3월 2일.

23 스펜서 존슨(Spencer Johnson), 이영진 옮김,『누가 내 치즈를 옮겼을까』(진명출판사, 1998/2000), 46쪽.

24 세스 고딘(Seth Godin), 박세연 옮김,『이카루스 이야기: 생각을 깨우는 변화의 힘』(한국경제신문, 2012/2014), 147쪽.

25 배정원,「"1위만 남겨라" 세계 휩쓴 철의 경영…21세기 되자 "낡은 교과서" 비판론」,『중앙일보』, 2020년 3월 4일, 12면.

26 박한선,「바꾸지 않는 용기」,『경향신문』, 2020년 6월 23일, 31면.

27 윌리엄 번스타인(William Bernstein), 김현구 옮김,『부의 탄생』(시아출판사, 2004/2005), 462~463쪽.

28 윌리엄 번스타인(William Bernstein), 김현구 옮김,『부의 탄생』(시아출판사, 2004/2005), 463쪽.

29 버튼 맬킬(Burton G. Malkiel), 이건·김홍식 옮김,『시장변화를 이기는 투자』(국일증권경제연구소, 2007/2009), 291쪽.

30 윌리엄 번스타인(William Bernstein), 김현구 옮김,『부의 탄생』(시아출판사, 2004/2005), 464쪽.

31 이미도, 「[이미도의 무비 識道樂] [158] Comparison is the thief of joy」, 『조선일보』, 2020년 2월 15일, A27면.

32 웨인 다이어(Wayne W. Dyer), 정경옥 옮김, 『세상에 마음 주지 마라: 다 지난 후에 깨달은 한 가지』(21세기북스, 2010/2011), 102쪽.

33 마크 맨슨(Mark Manson), 한재호 옮김, 『신경끄기의 기술: 인생에서 가장 중요한 것만 남기는 힘』(갤리온, 2016/2017), 26~27쪽.

34 지그문트 바우만(Zygmunt Bauman), 함규진 옮김, 『유동하는 공포』(산책자, 2006/2009), 25쪽.

35 줄리언 바지니(Jukian Baggini)·안토니아 마카로(Antonia Macaro), 박근재 옮김, 『최고가 아니면 다 실패한 삶일까: 철학자와 심리학자의 인생질문 20』(아날로그, 2012/2014), 244쪽.

36 오광수, 「[노래의 탄생] 에릭 클랩턴 'Tears in Heaven'」, 『경향신문』, 2018년 4월 16일.

37 뤽 페리(Luc Ferry), 이세진 옮김, 『사랑에 관하여』(은행나무, 2012/2015), 246쪽.

38 리처드 칼슨(Richard Calson), 강정 옮김, 『사소한 것에 목숨 걸지 마라: 습관 바꾸기 편』(도솔, 1997/2004), 236쪽.

39 뤽 페리(Luc Ferry), 이세진 옮김, 『사랑에 관하여』(은행나무, 2012/2015), 245쪽.

40 조형근·김종배, 『섬을 탈출하는 방법: 각자도생의 경제에서 협력과 연대의 경제로』(반비, 2015), 9~10쪽.

제2장

1 대니얼 네틀(Daniel Nettle), 김상우 옮김, 『성격의 탄생: 뇌과학, 진화심리학이 들려주는 성격의 모든 것』(와이즈북, 2007/2009), 209~210쪽.

2 맬컴 글래드웰(Malcolm Gladwell), 선대인 옮김, 『다윗과 골리앗: 강자를 이기는 약자의 기술』(21세기북스, 2013/2014), 145~147쪽.

3 The School of Life, 이지연 옮김, 『평온』(와이즈베리, 2016/2017), 85쪽.

4 앤드루 브라운(Andrew Brown), 이기문 옮김, 『현대사를 이끄는 리더십의 6가지 유형』(현대미디어, 1999/2000), 163쪽.

5 윤예나, 「[Weekly BIZ] "난 왜 이 일을 하는 거지?" 강력한 동기 가져야 목표 달성」, 『조선일보』, 2017년 1월 7일.

6 토마스 차모로-프레무지크(Tomas Chamorro-Premuzic), 이현정 옮김, 『위험한 자신감: 현실을 왜곡하는 아찔한 습관』(더퀘스트, 2013/2014), 200쪽.

7 스콧 켈러(Scott Keller)·콜린 프라이스(Colin Price), 서영조 옮김, 『차이를 만드는 조직』(전략시티, 2011/2014), 367쪽.

8 마리사 피어(Marisa Peer), 이수경 옮김, 『나는 오늘도 나를 응원한다: 평생 흔들리지 않을 자신감 회복 프로젝트』(비즈니스북스, 2009/2011), 266쪽.

9 임귀열, 「[임귀열 영어] There never was a good war or a bad peace(좋은 전쟁 없고 나쁜 평화 없다)」, 『한국일보』, 2010년 12월 1일; 강준만, 「왜 "승리는 똥개도 춤추게 만든다"고 하는가?: 정치적 효능감」, 『생각과 착각: 세상을 꿰뚫는 50가지 이론 5』(인물과사상사, 2016), 141~146쪽 참고.

10 예영준, 「실패에도 아버지가 많은 나라」, 『중앙일보』, 2023년 8월 16일.

11 조너선 하이트(Jonathan Haidt)·그레그 루키아노프(Greg Lukianoff), 왕수민 옮김, 『나쁜 교육: 덜 너그러운 세대와 편협한 사회는 어떻게 만들어지는가』(프시케의숲, 2018/2019), 229쪽.

12 Donald O. Bolander, ed., 『Instant Quotation Dictionary』

(Little Falls, NJ: Career Publishing, 1981), p.77.

13 도널드 발렛(Donald L. Barlett)·제임스 스틸(James B. Steele), 이찬 옮김,『국가는 잘사는데 왜 국민은 못사는가』(어마마마, 2012/ 2014), 314쪽.

14 토머스 소웰(Thomas Sowell), 채계병 옮김,『비전의 충돌: 세계를 바라보는 두 개의 시선』(이카루스미디어, 2002/2006), 154쪽.

15 존 캐서디(John Cassidy), 이경남 옮김,『시장의 배반』(민음사, 2009/2011), 110~111쪽.

16 라우라 비스뵈크(Laura Wiesböck), 장혜경 옮김,『내 안의 차별주의자: 보통 사람들의 욕망에 숨어든 차별적 시선』(심플라이프, 2018/2020), 250쪽.

17 윤성민,「분수대/'평등하지 않은 세상'이라는 꿈」,『중앙일보』, 2023년 6월 7일.

18 알랭 드 보통(Alain de Botton), 정영목 옮김,『불안』(은행나무, 2004/2011), 328~329쪽.

19 앤드루 포터(Andrew Potter), 노시내 옮김,『진정성이라는 거짓말: 진정한 나를 찾다가 길을 잃고 헤매는 이유』(마티, 2010/ 2016), 142쪽.

20 줄리언 바지니(Jukian Baggini)·안토니아 마카로(Antonia Macaro), 박근재 옮김,『최고가 아니면 다 실패한 삶일까: 철학자와 심리학자의 인생질문 20』(아날로그, 2012/2014), 104쪽.

21 리처드 윌킨슨(Richard G. Wilkinson), 김홍수영 옮김,『평등해야 건강하다: 불평등은 어떻게 사회를 병들게 하는가?』(후마니타스, 2005/2008), 187쪽.

22 이준희,「"이념의 긴 터널서 방황 10여 년…새롭게 뛸 겁니다": 1990년 보안사 민간인 사찰 폭로 윤석양씨」,『한국일보』, 2004년 5월 17일, A19면.

23 문준식,「"검찰총장 동기 옷 벗는 경직된 사회 극복해야"」,『세계

일보』, 2005년 4월 29일, A10면.

24 오찬호, 『우리는 차별에 찬성합니다: 괴물이 된 이십대의 자화상』(개마고원, 2013), 232쪽.

25 문유석, 『개인주의자 선언』(문학동네, 2015), 32쪽.

26 버트런드 러셀(Bertrand Russell), 송은경 옮김, 『게으름에 대한 찬양』(사회평론, 1935/1997), 99쪽.

27 새뮤얼 헌팅턴(Samuel P. Huntington), 장원석 옮김, 『미국 정치론: 부조화의 패러다임』(오름, 1981/1999), 101쪽.

28 안형영·김회경, 「"영혼이라도 팔아 취직하고 싶었다"」, 『한국일보』, 2005년 2월 2일, 8면.

29 이대근, 「조현민의 자유와 속수무책 민주주의」, 『경향신문』, 2019년 6월 19일, 30면.

30 백수진, 「'진상' 대처법」, 『조선일보』, 2022년 7월 8일.

31 개리 마커스(Gary Marcus), 최호영 옮김, 『클루지: 생각의 역사를 뒤집는 기막힌 발견』(갤리온, 2008), 113쪽.

32 하이디 그랜트 할버슨(Heidi Grant Halvorson)·토리 히긴스(E. Tory Higgins), 강유리 옮김, 『어떻게 의욕을 끌어낼 것인가: 상대의 마음을 움직이는 능력』(한국경제신문, 2013/2014), 80~81쪽.

33 로저 로젠블랫(Roger Rosenblatt), 승영조 옮김, 『하버드대 까칠 교수님의 글쓰기 수업』(돈을새김, 2011), 241~242쪽.

34 테리 쿠퍼(Terry D. Cooper), 이지혜 옮김, 『비판의 기술』(한국기독학생회출판부, 2006/2013), 67쪽.

35 샌디 호치키스(Sandy Hotchkiss), 이세진 옮김, 『사랑과 착취의 심리』(교양인, 2002/2005), 34쪽.

36 마이클 린치(Michael P. Lynch), 성원 옮김, 『우리는 맞고 너희는 틀렸다: 똑똑한 사람들은 왜 민주주의에 해로운가』(메디치, 2019/2020), 12쪽.

1   James S. Spiegel, 『Hypocrisy: Moral Fraud and Other Vices』(Grand Rapids, MI: Baker Books, 1999), p.105.

2   윌리엄 서머싯 몸(William Somerset Maugham), 이종인 옮김, 『서밍 업: 문장과 소설과 인생에 대하여』(위즈덤하우스, 1938 /2018), 71쪽.

3   Donald O. Bolander, ed., 『Instant Quotation Dictionary』(Little Falls, NJ: Career Publishing, 1981), p.264.

4   프랑수아 드 라로슈푸코(François de La Rochefoucauld), 강주헌 옮김, 『인간의 본성에 대한 풍자 511: 라로슈푸코의 잠 언과 성찰』(나무생각, 2003), 161쪽.

5   폴 존슨(Paul Johnson), 김욱 옮김, 『지식인들(상)』(한·언, 1988 /1993), 25~26쪽.

6   폴 존슨(Paul Johnson), 김욱 옮김, 『지식인들(상)』(한·언, 1988 /1993), 26쪽.

7   유리 그니지(Uri Gneezy)·존 리스트(John A. List), 안기순 옮김, 『무엇이 행동하게 하는가: 마음을 움직이는 경제학』(김영 사, 2013/2014), 247~303쪽.

8   저스틴 토시(Justin Tosi)·브랜던 워키(Brandon Warmke), 김미덕 옮김, 『그랜드스탠딩: 도덕적 허세는 어떻게 올바름을 오 용하는가』(오월의봄, 2020/2022), 193~194, 292쪽.

9   폴 존슨(Paul Johnson), 김욱 옮김, 『지식인들 (상)』(한·언, 1988/1993), 163~164쪽.

10 귀스타브 르봉(Gustave Le Bon), 정명진 옮김, 『혁명의 심리 학』(부글, 1912/2013), 83~84쪽.

11 안재승, 「한국인이어서 자랑스럽다」, 『한겨레』, 2020년 4월 16일, 26면.

12 리처드 스텐걸(Richard Stengel), 임정근 옮김, 『아부의 기술:

전략적인 찬사, 아부에 대한 모든 것』(참솔, 2000/2006), 33쪽.

13   리처드 스텐걸(Richard Stengel), 임정근 옮김, 『아부의 기술: 전략적인 찬사, 아부에 대한 모든 것』(참솔, 2000/2006), 225쪽.

14   리처드 스텐걸(Richard Stengel), 임정근 옮김, 『아부의 기술: 전략적인 찬사, 아부에 대한 모든 것』(참솔, 2000/2006), 356, 378쪽.

15   리처드 스텐걸(Richard Stengel), 임정근 옮김, 『아부의 기술: 전략적인 찬사, 아부에 대한 모든 것』(참솔, 2000/2006), 19쪽; 신예리, 「아부의 기술」, 『중앙일보』, 2018년 5월 8일.

16   서옥식 편저, 『오역의 제국: 그 거짓과 왜곡의 세계』(도리, 2013), 514~515쪽.

17   김기봉, 「니힐리즘」, 김영한 엮음, 『서양의 지적운동 II』(지식산업사, 1998), 711쪽.

18   데일 카네기(Dale Carnegie), 베스트트랜스 옮김, 『데일 카네기의 인간관계론』(더클래식, 1936/2010), 33~36쪽.

19   앤드루 매튜스(Andrew Matthews), 양영철·안미경 옮김, 『그럼에도, 행복하라』(좋은책만들기, 2009/2011), 138쪽.

20   클라우스 페터 지몬(Claus Peter Simon), 장혜경 옮김, 『감정을 읽는 시간』(어크로스, 2013/2014), 272쪽.

21   울리히 벡(Ulrich Beck), 박미애·이진우 옮김, 『글로벌 위험사회』(길, 2007/2010), 217쪽.

22   데이비드 브룩스(David Brooks), 이경식 옮김, 『소셜 애니멀: 사랑과 성공, 성격을 결정짓는 관계의 비밀』(흐름출판, 2011), 235쪽; 리드 호프먼(Reid Hoffman)·벤 카스노카(Ben Casnocha), 차백만 옮김, 『연결하는 인간: 그들은 왜 공유와 경쟁을 즐기는가』(알에이치코리아, 2012/2015), 146쪽.

23   클라우스 페터 지몬(Claus Peter Simon), 장혜경 옮김, 『감정을 읽는 시간』(어크로스, 2013/2014), 273쪽.

24   렌 피셔(Len Fisher), 박인균 옮김, 『가위 바위 보: 일상 속 갈등과

딜레마를 해결하는 게임의 심리학』(추수밭, 2008/2009), 147쪽.

25 데이비드 브룩스(David Brooks), 김희정 옮김,『인간의 품격: 삶은 성공이 아닌 성장의 이야기다』(부키, 2015), 31쪽.

26 마이클 린치(Michael Lynch), 이충호 옮김,『인간 인터넷: 사물 인터넷을 넘어 인간인터넷의 시대로』(사회평론, 2016), 8~9쪽.

27 엘프리다 뮐러-카인츠(Elfrida Müller-Kainz)·크리스티네 죄닝(Christine Sönning), 강희진 옮김,『더 본능적으로 살아라』(타커스, 2003/2012), 40쪽.

28 베르트랑 베르줄리(Bertrand Vergely), 성귀수 옮김,『행복 생각』(개마고원, 2002/2007), 226쪽.

29 에리히 프롬(Erich Fromm), 이상두 옮김,『자유에서의 도피』(범우사, 1941/1988), 113쪽.

30 박성희,『미디어인터뷰』(나남출판, 2003), 173쪽.

31 데이비드 캘러헌(David Callahan), 강미경 옮김,『치팅컬처: 거짓과 편법을 부추기는 문화』(서돌, 2004/2008), 141쪽.

32 샘 혼(Sam Horn), 이상원 옮김,『적을 만들지 않는 대화법』(갈매나무, 1996/2008), 135쪽.

33 아르투르 쇼펜하우어(Arthur Schopenhauer), 이동진 옮김,『사랑은 없다: 쇼펜하우어 인생론 에세이』(해누리, 2004), 79쪽.

34 미셸 사캥(Michèle Sacquin) 외, 이혜은 옮김,『천재의 역사 1』(글리오, 1993/1999), 186쪽.

35 한은화,「성공한 천재의 공통점 '그릿' 키울 방법 뭘까」,『중앙일보』, 2016년 10월 29일.

36 세스 고딘(Seth Godin), 박세연 옮김,『이카루스 이야기: 생각을 깨우는 변화의 힘』(한국경제신문, 2012/2014), 62쪽.

37 이종호,『알베르트 아인슈타인: 한 과학자의 위대한 꿈』(인물과사상사, 2023), 22쪽.

38 로버트 서튼(Robert I. Sutton), 오성호 옮김,『역발상의 법칙』(황금가지, 2002/2003), 73~74쪽.

39 베르트랑 베르줄리(Bertrand Vergely), 성귀수 옮김, 『행복
    생각』(개마고원, 2002/2007), 88쪽.

제4장

1   루크 도멜(Luke Dormehl), 노승영 옮김, 『만물의 공식』(반니,
    2014), 85쪽.

2   리처드 레스택(Richard M. Restack), 홍승효 옮김, 『인간적인,
    너무나 인간적인 뇌』(휴머니스트, 2012/2015), 113쪽.

3   Donald O. Bolander, ed., 『Instant Quotation Dictionary』
    (Little Falls, NJ: Career Publishing, 1981), p.172.

4   스티븐 컨(Stephen Kern), 임재서 옮김, 『사랑의 문화사: 빅토
    리아 시대에서 현대까지』(말글빛냄, 1992/2006), 5쪽.

5   Donald O. Bolander, ed., 『Instant Quotation Dictionary』
    (Little Falls, NJ: Career Publishing, 1981), p.172.

6   미셸 투르니에(Michel Tournier), 김화영 옮김, 『외면일기: 미
    셸 투르니에 산문집』(현대문학, 2002/2004), 193~194쪽.

7   강윤주, 「단칸방 사랑에 코웃음친 절반세대…"결혼은 자격증 필
    요한 특권"」, 『한국일보』, 2023년 6월 13일.

8   대럴 웨스트(Darrell M. West), 홍지수 옮김, 『부자들은 왜 그
    리고 어떻게 민주주의를 사랑하는가』(원더박스, 2014/2016),
    44쪽.

9   테오도르 젤딘(Theodore Zeldin), 김태우 옮김, 『인간의 내
    밀한 역사』(강, 1994/1999), 94쪽.

10 테오도르 젤딘(Theodore Zeldin), 김태우 옮김, 『인간의 내
    밀한 역사』(강, 1994/1999), 94쪽.

11 로버트 그린(Robert Greene), 『권력의 법칙: 사람을 움직이고
    조직을 지배하는 48가지 통찰』(웅진지식하우스, 1998/2009),
    327쪽.

12 클라우스 페터 지몬(Claus Peter Simon), 장혜경 옮김, 『감정을 읽는 시간』(어크로스, 2013/2014), 84쪽.

13 이가영, 「"이미 멸종의 길"…30대 저출산 원인은 전쟁보다 더한 경쟁 인생」, 『조선일보』, 2023년 3월 15일.

14 에릭 펠턴(Eric Felten), 윤영삼 옮김, 『위험한 충성: 충성과 배신의 딜레마』(문학동네, 2011/2013), 12쪽.

15 에릭 펠턴(Eric Felten), 윤영삼 옮김, 『위험한 충성: 충성과 배신의 딜레마』(문학동네, 2011/2013), 11~12쪽.

16 파하드 만주(Farhad Manjoo), 권혜정 옮김, 『이기적 진실: 객관성이 춤추는 시대의 보고서』(비즈앤비즈, 2008/2014), 199쪽.

17 A. C. 그레일링(A. C. Grayling), 남경태 옮김, 『미덕과 악덕에 관한 철학사전』(에코의서재, 2001/2006), 262쪽.

18 데이비드 로웬덜(David Lowenthal), 김종원·한명숙 옮김, 『과거는 낯선 나라다』(개마고원, 1985/2006), 320쪽.

19 데이비드 로웬덜(David Lowenthal), 김종원·한명숙 옮김, 『과거는 낯선 나라다』(개마고원, 1985/2006), 325쪽.

20 김찬호, 『모멸감: 굴욕과 존엄의 감정사회학』(문학과지성사, 2014), 84쪽.

21 안상현·김은경·안영, 「노인 보는 시선, 급속도로 싸늘해지고 있다」, 『조선일보』, 2018년 3월 17일.

22 서정민, 「[밀레니얼 트렌드 사전] 임계장」, 『중앙일보』, 2020년 5월 14일, 31면.

23 Max Cryer, 『Common Phrases』(New York: Skyhorse, 2010), p.27.

24 임귀열, 「[임귀열 영어] Some Cases of Classic Insults(은근한 모욕 주기)」, 『한국일보』, 2012년 12월 26일.

25 데버러 로우드(Deborah L. Rhode), 권기대 옮김, 『아름다움이란 이름의 편견』(베가북스, 2010/2011), 52쪽.

26 송상호, 『문명 패러독스: 왜 세상은 생각처럼 되지 않을까?』(인

물과사상사, 2008), 255~256쪽.

27 울리히 렌츠(Ulrich Renz), 『아름다움의 과학: 미인 불패, 새로운 권력의 발견』(프로네시스, 2006/2008), 9~10쪽.

28 데버러 로우드(Deborah L. Rhode), 권기대 옮김, 『아름다움이란 이름의 편견』(베가북스, 2010/2011), 140쪽.

29 낸시 에트코프(Nancy Etcoff), 권기대 옮김, 『미(美): 가장 예쁜 유전자만 살아남는다』(살림, 1999/2000); 데버러 로우드(Deborah L. Rhode), 권기대 옮김, 『아름다움이란 이름의 편견』(베가북스, 2010/2011), 140쪽.

30 울리히 렌츠(Ulrich Renz), 『아름다움의 과학: 미인 불패, 새로운 권력의 발견』(프로네시스, 2006/2008), 372쪽.

31 웬디 브라운(Wendy Brown), 이승철 옮김, 『관용: 다문화제국의 새로운 통치전략』(갈무리, 2006/2010), 112쪽.

32 알리스 슈바르처(Alice Schwarzer), 모명숙 옮김, 『사랑받지 않을 용기』(미래인, 2007/2008), 243~245쪽.

33 엘렌 스노틀랜드(Ellen Snortland), 한국성폭력상담소 부설연구소 울림 옮김, 『미녀, 야수에 맞서다: 여성이 자기방어를 시작할 때 세상은 달라진다』(사회평론, 2014/2016), 262~264쪽.

34 빅토리아 페프(Victoria Pepe) 외, 박다솜 옮김, 『나는 스스로를 페미니스트라 부른다』(열린책들, 2015), 15쪽.

35 미셸 크랑프-카스나베(Michele Crampe-Casnabet), 「18세기 철학 저서에 나타난 여성의 이미지」, 조르주 뒤비(Georges Duby)·미셸 페로(Michele Perrot) 편, 조형준 옮김, 『여성의 역사 3: 르네상스와 계몽주의의 역설(하)』(새물결, 1992/1999), 472쪽.

36 미셸 투르니에(Michel Tournier), 김정란 옮김, 『상상력을 자극하는 시간』(예담, 1994/2011), 17쪽.

37 임귀열, 「[임귀열 영어] Man and Woman: Who is clever?(남성과 여성: 누가 현명한가?)」, 『한국일보』, 2015년 7월 8일.

38 헬렌 피셔(Helen E. Fisher), 정명진 옮김,『제1의 성』(생각의
    나무, 1999/2000), 149쪽.

39 임귀열,「[임귀열 영어] Women are made to be loved(여
    자는 사랑받을 대상)」,『한국일보』, 2015년 7월 1일.

40 스티븐 컨(Stephen Kern), 이성동 옮김,『육체의 문화사』(의
    암출판, 1975/1996), 150쪽.

41 버트런드 러셀(Bertrand Russell), 송은경 옮김,『인간과 그밖
    의 것들』(오늘의책, 1975/2005), 33~35쪽.

42 조르디 쿠아드박(Jordi Quoidbach), 박효은 옮김,『행복한
    사람들은 무엇이 다른가: 행복을 결정짓는 작은 차이』(북로드,
    2010/2014), 173~175쪽.

제5장

1 스티븐 데닝(Stephen Denning), 안진환 옮김,『스토리텔링으
   로 성공하라』(을유문화사, 2005/2006), 257쪽.

2 애덤 그랜트(Adam Grant), 홍지수 옮김,『오리지널스: 어떻
   게 순응하지 않는 사람들이 세상을 움직이는가』(한국경제신문,
   2016), 73~74쪽.

3 로버트 서튼(Robert I. Sutton), 오성호 옮김,『역발상의 법칙』
   (황금가지, 2002/2003), 209쪽.

4 로버트 서튼(Robert I. Sutton), 오성호 옮김,『역발상의 법칙』
   (황금가지, 2002/2003), 90쪽.

5 로버트 서튼(Robert I. Sutton), 오성호 옮김,『역발상의 법칙』
   (황금가지, 2002/2003), 89쪽.

6 진 랜드럼(Gene Landrum), 조혜진 옮김,『기업의 천재들』(말
   글빛냄, 2004/2006), 11쪽.

7 그렉 매커운(Greg McKeown), 김원호 옮김,『에센셜리즘: 본
   질에 집중하는 힘』(알에이치코리아, 2014), 113쪽; 앨리스 칼라

프라이스(Alice Calaprice) 엮음, 강애나·이여명 옮김,『아인슈타인 혹은 그 광기에 대한 묵상』(정신문화사, 1996/ 1998), 61, 273쪽.

8 롤프 도벨리(Rolf Dobelli), 유영미 옮김,『불행 피하기 기술: 영리하게 인생을 움직이는 52가지 비밀』(인플루엔셜, 2017/2018), 230쪽.

9 댄 가드너(Dan Gardner), 이경식 옮김,『앨빈 토플러와 작별하라』(생각연구소, 2010/2011), 193~194쪽.

10 맥스웰 몰츠(Maxwell Maltz), 공병호 외 옮김,『맥스웰 몰츠 성공의 법칙』(비즈니스북스, 2002/2010), 75쪽.

11 필 로젠츠바이크(Phil Rosenzweig), 김상겸 옮김,『올바른 결정은 어떻게 하는가: 모두를 살리는 선택의 비밀』(엘도라도, 2014), 51쪽.

12 롤프 도벨리(Rolf Dobelli), 유영미 옮김,『불행 피하기 기술: 영리하게 인생을 움직이는 52가지 비밀』(인플루엔셜, 2017/2018), 204쪽.

13 앨리스 칼라프라이스(Alice Calaprice) 엮음, 강애나·이여명 옮김,『아인슈타인 혹은 그 광기에 대한 묵상』(정신문화사, 1996 /1998), 243쪽.

14 리처드 칼슨(Richard Carlson), 이창식 옮김,『행복에 목숨 걸지 마라: 지금 당장 버리면 행복해지는 사소한 것들』(한국경제신문, 2002/2010), 47쪽.

15 허버트 마이어스(Herbert Meyers)·리처드 거스트먼(Richard Gerstman), 강수정 옮김,『크리에이티브 마인드: 창의적 리더 20인에게 미래의 가치를 묻다』(에코리브르, 2007/2008), 80~81쪽.

16 마이클 르고(Michael LeGault), 임옥희 옮김,『싱크! 위대한 결단으로 이끄는 힘』(리더스북, 2006), 65~66쪽.

17 테리 이글턴(Terry Eagleton), 강주헌 옮김,『신을 옹호하다:

마르크스주의자의 무신론 비판』(모멘토, 2009/2010), 113~114쪽.

18 테리 이글턴(Terry Eagleton)·프레드릭 제임슨(Frederic Jameson), 『비평의 기능: 현대 문학이론의 쟁점들』(제3문학사, 1991), 26쪽.

19 테리 이글턴(Terry Eagleton)·프레드릭 제임슨(Frederic Jameson), 『비평의 기능: 현대 문학이론의 쟁점들』(제3문학사, 1991), 42쪽.

20 노드럽 프라이(Northrop Frye), 임철규 옮김, 『비평의 해부』(한길사, 1957/1982), 12쪽.

21 피에르 부르디외(Pierre Bourdieu), 문경자 옮김, 『피에르 부르디외: 혼돈을 일으키는 과학』(솔, 1994), 174~175쪽.

22 톰 밴더빌트(Tom Vanderbilt), 박준형 옮김, 『취향의 탄생: 마음을 사로잡는 것들의 비밀』(토네이도, 2016), 145, 156쪽.

23 톰 밴더빌트(Tom Vanderbilt), 박준형 옮김, 『취향의 탄생: 마음을 사로잡는 것들의 비밀』(토네이도, 2016), 155쪽.

24 톰 밴더빌트(Tom Vanderbilt), 박준형 옮김, 『취향의 탄생: 마음을 사로잡는 것들의 비밀』(토네이도, 2016), 159~160쪽.

25 앨리스 플래허티(Alice W. Flaherty), 박영원 옮김, 『하이퍼그라피아: 위대한 작가들의 창조적 열병』(휘슬러, 2004/2006), 89~95쪽.

26 필립 샌드블롬(Philip Sandblom), 박승숙 옮김, 『창조성과 고통: 위대한 예술가는 위대한 병자다』(아트북스, 1982/2003), 43쪽.

27 윌리엄 서머싯 몸(William Somerset Maugham), 이종인 옮김, 『서밍 업: 문장과 소설과 인생에 대하여』(위즈덤하우스, 1938/2018), 291쪽.

28 「유아론」, 『위키백과』.

29 데이비드 롭슨(David Robson), 이창신 옮김, 『지능의 함정』

(김영사, 2019/2020), 168쪽.

30 진 랜드럼(Gene Landrum), 조혜진 옮김, 『기업의 천재들』(말 글빛냄, 2004/2006), 63, 92쪽.

31 버지니아 포스트렐(Virginia Postrel), 신길수 옮김, 『스타일의 전략』(을유문화사, 2003/2004), 144~146쪽.

32 마크 턴게이트(Mark Tungate), 노지양 옮김, 『스타일 중독자 들』(애플트리태일즈, 2005/2009), 17쪽.

33 게오르그 짐멜(Georg Simmel), 안준섭·장영배·조희연 옮김, 『돈의 철학』(한길사, 1907/1983), 576쪽.

34 이지은, 「'마이카'는 BMW, 재테크는 해외펀드, 여행은 몰다이 브로: '귀족마케팅' 전문가들이 들려주는 '강남 부자' 라이프스 타일」, 『신동아』, 2004년 10월, 246~255쪽.

35 엘리자베스 루즈(Elizabeth Rouse), 이재한 옮김, 『코르셋에 서 펑크까지: 현대사회와 패션』(시지락, 1989/2003), 142~ 143쪽.

36 월터 아이작슨(Walter Isaacson), 안진환 옮김, 『스티브 잡스 (Steve Jobs)』(민음사, 2011), 139, 213쪽.

37 닐 마틴(Neale Martin), 홍성태·박지혜 옮김, 『해빗: 소비의 95% 를 지배하는 행동 심리』(위즈덤하우스, 2008/2009), 114쪽.

38 유상철 외, 『한류의 비밀』(생각의나무, 2005), 131쪽; 존 워커 (John A. Walker), 정진국 옮김, 『디자인의 역사』(까치, 1989/ 1995), 44쪽.

39 게리 해멀(Gary Hamel), 방영호 옮김, 『지금 중요한 것은 무 엇인가: 게리 해멀이 던지는 비즈니스의 5가지 쟁점』(알키, 2012), 107쪽.

제6장

1 리언 래퍼포드(Leon Rappoport), 김용환 옮김, 『음식의 심리

학』(인북스, 2003/2006), 17, 40쪽.

2   브라이언 완싱크(Brian Wansink), 강대은 옮김, 『나는 왜 과식
    하는가』(황금가지, 2006/2008), 169~171쪽.

3   그렉 매커운(Greg McKeown), 김원호 옮김, 『에센셜리즘: 본
    질에 집중하는 힘』(알에이치코리아, 2014), 126쪽.

4   주디스 올로프(Judith Orloff), 이유경 옮김, 『감정의 자유: 부
    정적 감정에서 해방되어 인생을 바꾸는 법』(물푸레, 2011/
    2012), 95쪽.

5   대니얼 J. 레비틴(Daniel J. Levitin), 김성훈 옮김, 『정리하는
    뇌』(와이즈베리, 2014/2015), 285~288쪽.

6   셰릴 샌드버그(Sheryl Sandberg)·애덤 그랜트(Adam Grant),
    안기순 옮김, 『옵션 B: 역경에 맞서고, 회복탄력성을 키우며, 삶의
    기쁨을 찾는 법』(와이즈베리, 2017), 16쪽.

7   조지프 히스(Joseph Heath), 김승진 옮김, 『계몽주의 2.0: 감
    정의 정치를 어떻게 바꿀 것인가』(이마, 2014/2017), 89쪽.

8   한국작가회의 40주년 기념 행사준비위원회 엮음, 『세 겹으로 만
    나다: 왜 쓰는가』(삼인, 2014), 119쪽.

9   정강현 외, 「온라인 표출 감정 1위는 '슬픔'…7년 새 19% 늘어」,
    『중앙일보』, 2015년 6월 17일.

10 필립 샌드블롬(Philip Sandblom), 박승숙 옮김, 『창조성과 고
    통: 위대한 예술가는 위대한 병자다』(아트북스, 1982/2003),
    58~60쪽.

11 캐서린 슐츠(Kathryn Schultz), 안은주 옮김, 『오류의 인문
    학: 실수투성이 인간에 관한 유쾌한 고찰』(지식의날개, 2010/
    2014), 411~412쪽.

12 김태형, 『불안증폭사회: 벼랑 끝에 선 한국인의 새로운 희망 찾
    기』(위즈덤하우스, 2010), 79쪽.

13 만프레트 가이어(Manfred Geier), 이재성 옮김, 『웃음의 철학:
    서양 철학사 속 웃음의 계보학』(글항아리, 2006/2018), 156쪽.

14 만프레트 가이어(Manfred Geier), 이재성 옮김, 『웃음의 철학: 서양 철학사 속 웃음의 계보학』(글항아리, 2006/2018), 131쪽.

15 존 우드퍼드(John Woodford), 여을환 옮김, 『허영의 역사』 (세종서적, 1992/1998), 66쪽.

16 만프레트 가이어(Manfred Geier), 이재성 옮김, 『웃음의 철학: 서양 철학사 속 웃음의 계보학』(글항아리, 2006/2018), 158쪽.

17 박상준, 「"웃으면 복이 와요" 세계 유행」, 『한국일보』, 2006년 1월 1일, A12면.

18 찰스 두히그(Charles Duhigg), 강주헌 옮김, 『습관의 힘: 반복 되는 행동이 만드는 극적인 변화』(갤리온, 2012), 377쪽.

19 제임스 클리어(James Clear), 이한이 옮김, 『아주 작은 습관의 힘: 최고의 변화는 어떻게 만들어지는가』(비즈니스북스, 2018 /2019), 34~35쪽.

20 스티븐 기즈(Stephen Guise), 구세희 옮김, 『습관의 재발 견: 기적 같은 변화를 불러오는 작은 습관의 힘』(비즈니스북스, 2013/2014), 31~38쪽.

21 애드리언 펀햄(Adrian Furnham), 오혜경 옮김, 『심리학, 즐거 운 발견』(북로드, 2008/2010), 179쪽.

22 마이클 린치(Michael P. Lynch), 성원 옮김, 『우리는 맞고 너희 는 틀렸다: 똑똑한 사람들은 왜 민주주의에 해로운가』(메디치, 2019/2020), 13쪽.

23 베티나 슈탕네트(Bettina Stangneth), 김희상 옮김, 『거짓말 읽는 법』(돌베개, 2017/2019), 59쪽.

24 진중권, 『진보는 어떻게 몰락하는가: 저들은 대체 왜 저러는가?』 (천년의상상, 2020), 30쪽.

25 Donald O. Bolander, ed., 『Instant Quotation Dictionary』 (Little Falls, NJ: Career Publishing, 1981), p.201.

26 테오도르 젤딘(Theodore Zeldin), 김태우 옮김, 『인간의 내 밀한 역사』(강, 1994/1999), 314쪽.

27 대커 켈트너(Dacher Keltner), 하윤숙 옮김, 『선의 탄생』(옥당, 2009/2011), 390쪽.

28 대커 켈트너(Dacher Keltner), 하윤숙 옮김, 『선의 탄생』(옥당, 2009/2011), 389쪽.

29 파커 파머(Parker J. Palmer), 김찬호 옮김, 『비통한 자들을 위한 정치학: 왜 민주주의에서 마음이 중요한가』(글항아리, 2011/2012), 220쪽.

30 로버트 볼턴(Robert Bolton), 한진영 옮김, 『피플 스킬: 마음의 문을 열어주는 인간관계 기술』(씨앗을뿌리는사람들, 1979/2007), 361쪽.

31 로버트 볼턴(Robert Bolton), 한진영 옮김, 『피플 스킬: 마음의 문을 열어주는 인간관계 기술』(씨앗을뿌리는사람들, 1979/2007), 360~363쪽.

32 폴커 키츠(Volker Kitz)·마누엘 투슈(Manuel Tusch), 홍성광 옮김, 『우리는 왜 혼자일 때 행복할까: 타인의 기대에 갇힌 이들을 위한 카운슬링』(문학동네, 2011), 135, 140쪽.

33 김진석, 『진보는 차별을 없앨 수 있을까: 나쁜 차별과 사회가 정당화하는 차별』(개마고원, 2020), 322~323쪽.

34 존 휘트필드(John Whitfield), 김수안 옮김, 『무엇이 우리의 관계를 조종하는가』(생각연구소, 2012), 185~186쪽.

35 대니얼 솔로브(Daniel J. Solove), 이승훈 옮김, 『인터넷세상과 평판의 미래』(비즈니스맵, 2007/2008), 228, 233쪽.

36 존 휘트필드(John Whitfield), 김수안 옮김, 『무엇이 우리의 관계를 조종하는가』(생각연구소, 2012), 181~182쪽.

제7장

1 자크 아탈리(Jacques Attali), 이세욱 옮김, 『합리적인 미치광이』(중앙M&B, 1999/2001), 9쪽.

2   수전 그린필드(Susan Greenfield), 이한음 옮김, 『마인드 체인지: 디지털 기술은 우리의 뇌에 어떤 흔적을 남기는가』(북라이프, 2015), 334쪽.

3   헬렌 피셔(Helen E. Fisher), 정명진 옮김, 『제1의 성』(생각의나무, 1999/2000), 447쪽.

4   로버트 실러(Robert J. Shiller), 노지양·조윤정 옮김, 『새로운금융시대』(알에이치코리아, 2012/2013), 390쪽.

5   로버트 스턴버그(Robert J. Sternberg)·카린 스턴버그(Karin Sternberg), 김정희 옮김, 『우리는 어쩌다 적이 되었을까?』(21세기북스, 1998/2010), 196쪽.

6   벤저민 바버(Benjamin R. Barber), 박의경·이진우 옮김, 『지하드 대 맥월드』(문화디자인, 1995/2003), 294~295쪽.

7   익명(Anonymous), 황정일 옮김, 『제국의 오만: 미국은 왜 테러와의 전쟁에서 질 수밖에 없는가』(랜덤하우스중앙, 2004), 25쪽.

8   카롤린 엠케(Carolin Emcke), 정지인 옮김, 『혐오사회: 증오는 어떻게 전염되고 확산되는가』(다산초당, 2016/2017), 25쪽.

9   신동욱, 「[신동욱 앵커의 시선] 살인자라 불린 국민」, 『TV조선뉴스9』, 2020년 11월 5일.

10   알베르토 토스카노(Alberto Toscano), 문강형준 옮김, 『광신: 어느 저주받은 개념의 계보학』(후마니타스, 2010/2013), 225쪽.

11   알베르토 토스카노(Alberto Toscano), 문강형준 옮김, 『광신: 어느 저주받은 개념의 계보학』(후마니타스, 2010/2013), 238쪽.

12   알베르토 토스카노(Alberto Toscano), 문강형준 옮김, 『광신: 어느 저주받은 개념의 계보학』(후마니타스, 2010/2013), 22쪽.

13   김태현, 『타인의 속마음, 심리학자들의 명언 700』(리텍콘텐츠, 2020), 142쪽.

14   에릭 호퍼(Eric Hoffer), 이민아 옮김, 『맹신자들: 대중운동의 본질에 관한 125가지 단상』(궁리, 1951/2011), 127쪽.

15 마이클 린치(Michael P. Lynch), 성원 옮김, 『우리는 맞고 너희
    는 틀렸다: 똑똑한 사람들은 왜 민주주의에 해로운가』(메디치,
    2019/2020), 113쪽.

16 Peggy Anderson, ed., 『Great Quotes from Great
    Women』(Franklin Lakes, NJ: Career Press, 1997), p.60.

17 권석천, 「'문재인 보유국' 시대, 합리적 유권자는 존재하는가」,
    『중앙일보』, 2021년 1월 28일, 26면.

18 베르트랑 베르줄리(Bertrand Vergely), 성귀수 옮김, 『행복
    생각』(개마고원, 2002/2007), 224쪽.

19 베르트랑 베르줄리(Bertrand Vergely), 성귀수 옮김, 『슬픈
    날들의 철학』(개마고원, 2003/2007), 295쪽.

20 제인스 호건(James Hoggan), 김재경 옮김, 『광장의 오염』(두
    리반, 2019/2021), 360~361쪽.

21 피터 힌센(Peter Hinssen), 이영진 옮김, 『뉴노멀: 디지털혁명
    제2막의 시작』(흐름출판, 2010/2014), 16쪽; 홍정욱, 『50: 홍
    정욱 에세이』(위즈덤하우스, 2021), 13쪽.

22 데이비드 베레비(David Berreby), 정준형 옮김, 『우리와 그들,
    무리짓기에 대한 착각』(애코리브르, 2005/2007), 439쪽.

23 Donald O. Bolander, ed., 『Instant Quotation Dictionary』
    (Little Falls, NJ: Career Publishing, 1981), p.89.

24 조던 피터슨(Jordan Peterson) 외, 조은경 옮김, 『정치적 올바
    름에 대하여』(프시케의숲, 2018/2019), 96쪽.

25 필립 테틀록(Philip E. Tetlock)·댄 가드너(Dan Gardner),
    이경남 옮김, 『슈퍼 예측, 그들은 어떻게 미래를 보았는가』(알키,
    2016/2017), 56~57쪽.

26 정관용, 『나는 당신의 말할 권리를 지지한다: 불통의 시대, 소통
    의 길을 찾다』(위즈덤하우스, 2009), 131쪽.

27 파울 페르하에어(Paul Verhaeghe), 장혜경 옮김, 『우리는
    어떻게 괴물이 되어가는가: 신자유주의적 인격의 탄생』(반비,

2012/2015), 204~206쪽.

28 토머스 패터슨(Thomas E. Patterson), 오현경 옮김,『뉴스 생태학: 정보의 오염과 지식 기반 저널리즘』(한울, 2013/2018), 75쪽; 개리 마커스(Gary Marcus), 최호영 옮김,『클루지: 생각의 역사를 뒤집는 기막힌 발견』(갤리온, 2008), 93~94쪽; 강준만,「왜 흡연자들은 "어차피 인생은 위험한 것이다"고 생각하나?: 동기에 의한 추론」,『생각과 착각: 세상을 꿰뚫는 50가지 이론 5』(인물과사상사, 2016), 109~115쪽 참고.

29 던컨 와츠(Duncan J. Watts), 정지인 옮김,『상식의 배반』(생각연구소, 2011), 67쪽.

30 리 매킨타이어(Lee McIntyre), 노윤기 옮김,『지구가 평평하다고 믿는 사람과 즐겁고 생산적인 대화를 나누는 법』(위즈덤하우스, 2021/2022), 7쪽.

31 리 매킨타이어(Lee McIntyre), 노윤기 옮김,『지구가 평평하다고 믿는 사람과 즐겁고 생산적인 대화를 나누는 법』(위즈덤하우스, 2021/2022), 7쪽.

32 코델리아 파인(Cordelia Fine), 송정은 옮김,『뇌 마음대로: 나를 멋대로 조종하는 발칙한 뇌의 심리학』(공존, 2006/2010), 159쪽.

33 리 매킨타이어(Lee McIntyre), 노윤기 옮김,『지구가 평평하다고 믿는 사람과 즐겁고 생산적인 대화를 나누는 법』(위즈덤하우스, 2021/2022), 137~138쪽.

34 리 매킨타이어(Lee McIntyre), 노윤기 옮김,『지구가 평평하다고 믿는 사람과 즐겁고 생산적인 대화를 나누는 법』(위즈덤하우스, 2021/2022), 125쪽.

35 민영·노성종,「'소통'의 조건: 한국 사회의 시민간 정치 대화 탐구」, 한국언론학회 엮음,『한국 사회의 소통 위기』(커뮤니케이션북스, 2011), 349쪽.

36 은유,「이거 대화 아닌데요?」,『한겨레』, 2019년 6월 1일.

37 셰리 터클(Sherry Turkle), 황소연 옮김, 『대화를 잃어버린 사람들: 온라인 시대에 혁신적 마인드를 기르는 대화의 힘』(민음사, 2015/2018), 8쪽.

38 임귀열, 「[임귀열 영어] Witty Comebacks and Conversation(재치 있는 응답법)」, 『한국일보』, 2012년 10월 23일.

39 조노선 색스(Jonathan Sacks), 임재서 옮김, 『차이의 존중: 문명의 충돌을 넘어서』(말글빛냄, 2002/2007), 51쪽.

40 파하드 만주(Farhad Manjoo), 권혜정 옮김, 『이기적 진실: 객관성이 춤추는 시대의 보고서』(비즈앤비즈, 2008/2014), 166쪽; 키이스 스타노비치(Keith E. Stanovich), 신현정 옮김, 『심리학의 오해(제10판)』(혜안, 2013), 82쪽; 바비 더피(Bobby Duffy), 김하현 옮김, 『팩트의 감각: 믿음이 아니라 사실을 바탕으로 생각하는 법』(어크로스, 2018/2019), 222~223쪽.

41 레이첼 보츠먼(Rachel Botsman), 문희경 옮김, 『신뢰이동: 관계·제도·플랫폼을 넘어, 누구를 믿을 것인가』(흐름출판, 2017/2019), 90쪽.

42 필립 샌드블룸(Philip Sandblom), 박승숙 옮김, 『창조성과 고통: 위대한 예술가는 위대한 병자다』(아트북스, 1982/2003), 75쪽.

43 할 엘로드(Hal Elrod) 외, 윤정숙 옮김, 『아침 글쓰기의 힘: 단단한 나를 만드는 탁월한 습관』(생각정원, 2016/2017), 100쪽.

44 파리 리뷰(Paris Review), 권승혁·김진아 옮김, 『작가란 무엇인가: 소설가들의 소설가를 인터뷰하다 1』(다른, 2014), 454쪽.

45 조승연, 『비즈니스 인문학』(김영사, 2015), 105쪽.

46 스티븐 테일러 골즈베리(Steven Taylor Goldsberry), 남경태 옮김, 『글쓰기 로드맵 101』(들녘, 2005/2007), 22쪽.

47 존 위너커(Jon Winokur) 엮음, 한유주 옮김, 『그럼에도 작가로 살겠다면: 작가들의 작가에게 듣는 글쓰기 아포리즘』(다른, 1999/2017), 118쪽.

제8장

1 김용환·토머스 홉스(Thomas Hobbes), 『리바이어던: 국가
   라는 이름의 괴물』(살림, 2005); 한스-게오르크 호이젤(Hans-
   Georg Häusel), 배진아 옮김, 『이모션: 우리의 지갑을 여는 보
   이지 않는 손』(흐름출판, 2009/2012), 126쪽.

2 지그문트 프로이트(Sigmund Freud), 김석희 옮김, 『문명 속
   의 불만』(열린책들, 1929/1997), 299~300쪽; 제러미 리프킨
   (Jeremy Rifkin), 이경남 옮김, 『공감의 시대』(민음사, 2009/
   2010), 62쪽.

3 피터 싱어(Peter Singer), 김성한 옮김, 『사회생물학과 윤리』
   (연암서가, 2011/2012), 19쪽.

4 리처드 스텐걸(Richard Stengel), 임정근 옮김, 『아부의 기술:
   전략적인 찬사, 아부에 대한 모든 것』(참솔, 2000/2006), 52쪽.

5 간바 와타루(樺旦純), 손문생·김현영 옮김, 『트릭의 심리학』(에
   이지21, 1996/2006), 8쪽.

6 존 B. 베리(John Bagnell Bury), 박홍규 옮김, 『사상의 자유의
   역사』(바오, 1914/2006), 65~66쪽.

7 로버트 하그리브스(Robert Hargreaves), 오승훈 옮김, 『표현
   자유의 역사』(시아출판사, 2002/2006), 208~213쪽.

8 세르주 모스코비치(Serge Moscovici), 이상률 옮김, 『군
   중의 시대: 대중심리학에 대한 역사적 고찰』(문예출판사,
   1981/1996), 195쪽.

9 김환영, 「착취하는 자본가 대신 '자본주의자'가 많아져야: 루트
   비히 폰 미제스『반자본주의적 사고방식』」, 『중앙선데이』, 2020
   년 5월 23일, 22면.

10 앨런 호위츠(Allan V. Horwitz), 이은 옮김, 『불안의 시대: 역
   사 이전부터 불안은 존재했다』(중앙북스, 2013), 73쪽.

11 백성호, 「제도 종교의 시대 막 내렸다…이젠 종교에서 영성으

로」, 『중앙일보』, 2020년 4월 29일, 25면.

12 윌 듀란트(Will Durant), 이철민 옮김, 『철학 이야기』(청년사, 1926/1987), 260쪽.

13 이미도, 「[이미도의 무비 識道樂] [170] War is a virus」, 『조선일보』, 2020년 5월 9일, A27면.

14 Edward Hallett Carr, 『What Is History?』(New York: Vintage Books, 1961), p.30.

15 Edward Hallett Carr, 『What Is History?』(New York: Vintage Books, 1961), p.69.

16 Edward Hallett Carr, 『What Is History?』(New York: Vintage Books, 1961), p.35.

17 Edward Hallett Carr, 『What Is History?』(New York: Vintage Books, 1961), p.24.

18 A. C. 그레일링(A. C. Grayling), 남경태 옮김, 『미덕과 악덕에 관한 철학사전』(에코의서재, 2001/2006), 261쪽.

19 조승연, 『비즈니스 인문학』(김영사, 2015), 312쪽.

20 신동욱, 「[신동욱 앵커의 시선] 계묘년, 모두가 행복하소서」, 『TV조선 뉴스9』, 2023년 1월 2일.

21 임태훈, 『검색되지 않을 자유: 빅데이터에 포박된 인간과 사회를 넘어서』(알마, 2014), 159쪽.

22 미셸 투르니에(Michel Tournier), 김화영 옮김, 『외면일기: 미셸 투르니에 산문집』(현대문학, 2002/2004), 19쪽; 박성민, 「[박성민의 정치 인사이드] 집권 세력의 내부 권력 투쟁 '올 것이 오고 있다'」, 『경향신문』, 2018년 8월 4일.

23 베르트랑 베르줄리(Bertrand Vergely), 성귀수 옮김, 『슬픈 날들의 철학』(개마고원, 2003/2007), 30~31쪽.

24 리처드 스웬슨(Richard A. Swenson), 정명진 옮김, 『여유』(부글북스, 2004/2012), 170~171쪽.

25 테오도르 젤딘(Theodore Zeldin), 김태우 옮김, 『인간의 내

밀한 역사』(강, 1994/1999), 440쪽.

26 Jacques Ellul, trans. John Wilkinson, 『The Technological Society』(New York: Vintage Books, 1964), pp.329~330.

27 파리드 자카리아(Fareed Zakaria), 윤종석·이정희·김선옥 옮김, 『흔들리는 세계의 축: 포스트 아메리칸 월드』(베가북스, 2008), 101쪽.

28 벤저민 바버(Benjamin R. Barber), 박의경·이진우 옮김, 『지하드 대 맥월드』(문화디자인, 1995/2003), 238쪽.

29 마르쿠스 슈뢰르(Markus Schroer), 정인모·배정희 옮김, 『공간, 장소, 경계: 공간의 사회학 이론 정립을 위하여』(에코리브르, 2006/2010), 269쪽.

30 게리 해멀(Gary Hamel)·빌 브린(Bill Breen), 권영설 옮김, 『경영의 미래』(세종서적, 2008/2009), 206쪽.

31 루크 도멜(Luke Dormehl), 노승영 옮김, 『만물의 공식』(반니, 2014), 170~171쪽.

32 벤저민 R. 바버(Benjamin R. Barber), 조은경·최은정 옮김, 『뜨는 도시 지는 국가: 지구를 살리고 사람이 행복한 도시 혁명』(21세기북스, 2013/2014), 308쪽.

33 벤저민 R. 바버(Benjamin R. Barber), 조은경·최은정 옮김, 『뜨는 도시 지는 국가: 지구를 살리고 사람이 행복한 도시 혁명』(21세기북스, 2013/2014), 17쪽.

34 김태현, 『세상의 통찰: 철학자들의 명언 500』(리텍콘텐츠, 2020), 20쪽.

35 A. C. 그레일링(A. C. Grayling), 남경태 옮김, 『미덕과 악덕에 관한 철학사전』(에코의서재, 2001/2006), 15쪽.

36 A. C. 그레일링(A. C. Grayling), 남경태 옮김, 『미덕과 악덕에 관한 철학사전』(에코의서재, 2001/2006), 15~16쪽.

37 김용옥, 「백남준-한국의 전통을 간직한 '비디오 아트'의 창시자」, 『월간조선』, 1994년 1월호 별책부록, 『세계의 한국인』,

241~242쪽.

38 오구라 기조(小倉紀藏), 조성환 옮김, 『한국은 하나의 철학이
     다: 리(理)와 기(氣)로 해석한 한국사회』(모시는사람들, 1998/
     2017), 13, 15, 22쪽.

39 장하준, 김희정·안세민 옮김, 『그들이 말하지 않는 23가지: 장
     하준, 더 나은 자본주의를 말하다』(부키, 2010), 270 ~272쪽.

40 루시 그린(Lucie Greene), 이영진 옮김, 『실리콘 제국: 거대
     기술기업은 우리의 미래를 어떻게 훔쳤는가』(예문아카이브,
     2018/2020), 245~246쪽.

41 이종택, 「'학부모 이기'가 교육 망친다」, 『경향신문』, 1994년 3월
     29일, 22면.

제9장

1 장 폴 사르트르(Jean-Paul Sartre), 조영훈 옮김, 『지식인을 위
     한 변명』(한마당, 1965/1979), 49쪽.

2 조지프 히스(Joseph Heath), 김승진 옮김, 『계몽주의 2.0: 감
     정의 정치를 어떻게 바꿀 것인가』(이마, 2014/2017), 311쪽.

3 아난드 기리다라다스(Anand Giridharadas), 정인경 옮김,
     『엘리트 독식사회: 세상을 바꾸겠다는 그들의 열망과 위선』(생
     각의힘, 2018/2019), 152~153쪽.

4 토머스 소웰(Thomas Sowell), 채계병 옮김, 『비전의 충돌: 세계
     를 바라보는 두 개의 시선』(이카루스미디어, 2002/2006), 249쪽.

5 나카노 노부코(中野信子), 노경아 옮김, 『샤덴프로이데: 타인의
     불행에서 느끼는 은밀한 쾌감』(삼호미디어, 2018), 166쪽.

6 나카노 노부코(中野信子), 노경아 옮김, 『샤덴프로이데: 타인의
     불행에서 느끼는 은밀한 쾌감』(삼호미디어, 2018), 175~176쪽.

7 윌 듀런트(Will Durant), 신소희 옮김, 『내가 왜 계속 살아야 합
     니까: 퓰리처상 수상 작가가 묻고 세계의 지성 100인이 답하다』

(유유, 2020), 31~32쪽.

8   임상우, 「합리주의」, 김영한 · 임지현 편, 『서양의 지적운동 I』(지
    식산업사, 1994), 352쪽.

9   올랜도 파이지스(Orlando Figes), 김남섭 옮김, 『속삭이는 사
    회 1: 스탈린 시대 보통 사람들의 삶, 내면, 기억』(교양인, 2007
    /2013), 322~323쪽.

10 필 로젠츠바이크(Phil Rosenzweig), 김상겸 옮김, 『올바른
    결정은 어떻게 하는가: 모두를 살리는 선택의 비밀』(엘도라도,
    2014), 172쪽.

11 필 로젠츠바이크(Phil Rosenzweig), 김상겸 옮김, 『올바른
    결정은 어떻게 하는가: 모두를 살리는 선택의 비밀』(엘도라도,
    2014), 173, 183쪽.

12 진교훈, 「철학과 문학의 만남: 놀라움과 찬미」, 김상환 외, 『문학
    과 철학의 만남』(민음사, 2000), 15~16쪽.

13 피에르 부르디외(Pierre Bourdieu), 신미경 옮김, 『사회학의
    문제들』(동문선, 1984/2004), 58쪽.

14 폴 존슨(Paul Johnson), 김욱 옮김, 『지식인들(하)』(한 · 언,
    1988/1993), 132쪽.

15 외르크 치틀라우(Jörg Zittlau), 유영미 옮김, 『너드: 세상
    의 비웃음을 받던 아웃사이더, 세상을 비웃다!』(작은씨앗,
    2011/2013), 97쪽.

16 하노 벡(Hanno Beck), 배명자 옮김, 『경제학자의 생각법』(알
    프레드, 2009/2015), 100~102쪽.

17 오철, 「"전통시장 살리자면서 왜 본인은 안 가십니까?": 현시 선
    호 이론」, 『한국경제』, 2018년 3월 2일.

18 데이비드 페트릭 호튼(David P. Houghton), 김경미 옮김, 『정
    치심리학』(사람의무늬, 2009/2013), 166쪽; 강준만, 「왜 누군
    가를 사랑하려면 사랑하는 듯이 행동해야 하는가?: 자기지각 이
    론」, 『우리는 왜 이렇게 사는 걸까?: 세상을 꿰뚫는 50가지 이론

2』(인물과사상사, 2014), 143~148쪽 참고.

19 버트런드 러셀(Bertrand Russell), 송은경 옮김, 『게으름에 대한 찬양』(사회평론, 1935/1997), 46~47쪽.

20 마이클 폴라니(Michael Polanyi), 표재명·김봉미 옮김, 『개인적 지식: 후기비판적 철학을 향하여』(아카넷, 1958/2001); 강준만, 「왜 장관들은 물러날 때쯤에서야 업무를 파악하게 되는가?: 암묵지」, 『우리는 왜 이렇게 사는 걸까?: 세상을 꿰뚫는 50가지 이론 2』(인물과사상사, 2014), 42~50쪽 참고.

21 마이클 린치(Michael Lynch), 이충호 옮김, 『인간 인터넷: 사물인터넷을 넘어 인간 인터넷의 시대로』(사회평론, 2016), 210쪽.

22 에른스트 푀펠(Ernst Pöppel)·베아트리체 바그너(Beatrice Wagner), 이덕임 옮김, 『노력중독: 인간의 모든 어리석음에 관한 고찰』(율리시즈, 2013/2014), 257쪽.

23 니콜라스 카(Nicholas Carr), 최지향 옮김, 『생각하지 않는 사람들: 인터넷이 우리의 뇌 구조를 바꾸고 있다』(청림출판, 2010/2011), 25쪽.

24 니콜라스 카(Nicholas Carr), 최지향 옮김, 『생각하지 않는 사람들: 인터넷이 우리의 뇌 구조를 바꾸고 있다』(청림출판, 2010/2011), 22~23쪽.

25 Donald O. Bolander, ed., 『Instant Quotation Dictionary』(Little Falls, NJ: Career Publishing, 1981), p.220.

26 A. C. 그레일링(A. C. Grayling), 남경태 옮김, 『미덕과 악덕에 관한 철학사전』(에코의서재, 2001/2006), 232쪽.

27 로버트 멘셜(Robert Menschel), 강수정 옮김, 『시장의 유혹, 광기의 덫』(에코리브르, 2002/2005), 186, 204쪽.

28 루이스 A. 코저(Lewis A. Coser), 신용하·박명규 옮김, 『사회사상사』(일지사, 1975/1978), 534쪽.

29 셰리 버먼(Sheri Berman), 김유진 옮김, 『정치가 우선한다: 사회민주주의와 20세기 유럽의 형성』(후마니타스, 2006/2010),

130쪽.

30 세르주 모스코비치(Serge Moscovici), 이상률 옮김, 『군중의 시대: 대중심리학에 대한 역사적 고찰』(문예출판사, 1981/1996), 163쪽.

31 제임스 서로위키(James Surowiecki), 홍대운·이창근 옮김, 『대중의 지혜: 시장과 사회를 움직이는 힘』(랜덤하우스중앙, 2004/2005), 13쪽.

32 케네스 데이비스(Kenneth C. Davis), 이순호 옮김, 『미국에 대해 알아야 할 모든 것, 미국사』(책과함께, 2003/2004), 208쪽.

33 김동춘, 『미국의 엔진, 전쟁과 시장』(창비, 2004), 286쪽.

34 데이비드 브룩스(David Brooks), 김소희 옮김, 『보보스는 파라다이스에 산다』(리더스북, 2004/2008), 116~117쪽.

35 김성곤, 『영화속의 문화』(서울대학교출판부, 2004), 21쪽.

36 루이스 A. 코저(Lewis A. Coser), 신용하·박명규 옮김, 『사회사상사』(일지사, 1975/1978), 124쪽.

37 루이스 A. 코저(Lewis A. Coser), 신용하·박명규 옮김, 『사회사상사』(일지사, 1975/1978), 124~125쪽.

38 조지프 맥브라이드(Joseph McBride), 박선희·임혜련 옮김, 『C 학점의 천재 스티븐 스필버그 1』(자연사랑, 1997/1997), 24~25쪽.

제10장

1 신기욱, 『민주주의의 모험: 대립과 분열의 시대를 건너는 법』(인물과사상사, 2023), 5쪽.

2 존 킨(John Keane), 양현수 옮김, 『민주주의의 삶과 죽음: 대의민주주의에서 파수꾼 민주주의로』(교양인, 2009/2017), 1065~1066쪽.

3 버나드 마넹(Bernard Manin), 곽준혁 옮김, 『선거는 민주적인

가: 현대 대의민주주의의 원칙에 대한 비판적 고찰』(후마니타스, 1997/2004), 281~282쪽.

4   스티븐 아스마(Stephen T. Asma), 노상미 옮김,『편애하는 인간: 평등 강박에 빠진 현대인에 대한 인문학적 탐구』(생각연구소, 2013), 155~156쪽.

5   로버트 스키델스키(Robert Skidelsky)·에드워드 스키델스키(Edward Skidelsky), 김병화 옮김,『얼마나 있어야 충분한가』(부키, 2012/2013), 261쪽; 카를 마르크스(Karl Marx)·프리드리히 엥겔스(Friedrich Engels), 이진우 옮김,『공산당 선언』(책세상, 1848/2002), 20쪽.

6   조너선 색스(Jonathan Sacks), 임재서 옮김,『차이의 존중: 문명의 충돌을 넘어서』(말글빛냄, 2002/2007), 64쪽.

7   안토니오 가르시아 마르티네즈(Antonio Garcia Martinez), 문수인 옮김,『카오스 멍키』(비즈페이퍼, 2016/2017), 109쪽.

8   박남일,『어용사전: 철학적 인민 실용사전』(서해문집, 2014), 348쪽.

9   노르베르트 볼츠(Norbert Bolz), 유현주 옮김,『보이지 않는 것의 경제』(문학동네, 1999/2008), 8쪽.

10 최원형,「왜 책임 없는 서민이 국가의 빚을 떠안게 됐나」,『한겨레』, 2018년 3월 2일.

11 귀스타브 르봉(Gustave Le Bon), 정명진 옮김,『혁명의 심리학』(부글, 1912/2013), 27쪽.

12 Sanford D. Horwitt,『Let Them Call Me Rebel: Saul Alinsky-His Life and Legacy』(New York: Vintage Books, 1989/1992), p.528.

13 라울 바네겜(Raoul Vaneigem), 주형일 옮김,『일상생활의 혁명』(시울, 1967/2006), 155쪽.

14 양성희,「'기생충'에 기생하기」,『중앙일보』, 2020년 2월 19일, 30면.

15 스티븐 컨(Stephen Kern), 이성동 옮김, 『육체의 문화사』(의 암출판, 1975/1996), 20쪽.

16 마리 루티(Mari Ruti), 김명주 옮김, 『나는 과학이 말하는 성차 별이 불편합니다: 진화심리학이 퍼뜨리는 젠더 불평등』(동녘사 이언스, 2015/2017), 243~244쪽.

17 마리 루티(Mari Ruti), 김명주 옮김, 『나는 과학이 말하는 성차 별이 불편합니다: 진화심리학이 퍼뜨리는 젠더 불평등』(동녘사 이언스, 2015/2017), 261쪽.

18 Walter Laqueur, 『Fascism: Past Present Future』(New York: Oxford University Press, 1997), p.96.

19 Leon P. Baradat, 『Political Ideologies: Their Origins and Impact』(Englewood Cliffs, N.J.: Prentice-Hall, 1984), p.258.

20 Daniel Guerin, 『Fascism and Big Business』(New York: Monad Press Book, 1974), p.65.

21 루크 구드(Luke Goode), 조항제 옮김, 『민주주의와 공론장: 위르겐 하버마스』(컬처룩, 2005/2015), 127쪽.

22 김누리, 「독일의 68세대와 한국의 86세대」, 『한겨레』, 2019년 5월 6일.

23 A. C. 그레일링(A. C. Grayling), 남경태 옮김, 『존재의 이유: 강 단 밖으로 나온 철학자, 길 위에서 길을 묻다』(사회평론, 2002/ 2003), 198쪽.

24 마이라 맥피어슨(Myra MacPherson), 이광일 옮김, 『모든 정 부는 거짓말을 한다: 20세기 진보 언론의 영웅 이지 스톤 평전』 (문학동네, 2006/2012), 85쪽.

25 제이콥 해커(Jacob S. Hacker)·폴 피어슨(Paul Pierson), 조자현 옮김, 『부자들은 왜 우리를 힘들게 하는가?: 승자 독식의 정치학』(21세기북스, 2010/2012), 129쪽.

26 케빈 필립스(Kevin P. Phillips), 오삼교·정하용 옮김, 『부와 민

주주의: 미국의 금권정치와 거대 부호들의 정치사』(중심, 2002 /2004), 617쪽.

27 새뮤얼 헌팅턴(Samuel P. Huntington), 장원석 옮김, 『미국 정치론: 부조화의 패러다임』(오름, 1981/1999), 55쪽.

28 Mark J. Green, James M. Fallows, and David R. Zwick, 「Congress: The Broken Branch」, Peter Collier ed., 『Dilemmas of Democracy: Readings in American Government』(New York: Harcourt Brace Jovanivich, 1976), p.58.

29 딕 모리스(Dick Morris), 홍대운 옮김, 『신군주론』(아르케, 1999/2002), 138쪽.

30 제이콥 해커(Jacob S. Hacker)·폴 피어슨(Paul Pierson), 조자현 옮김, 『부자들은 왜 우리를 힘들게 하는가?: 승자 독식의 정치학』(21세기북스, 2010/2012), 15쪽.

31 딕 모리스(Dick Morris), 홍대운 옮김, 『신군주론』(아르케, 1999/2002), 22쪽.

32 케빈 필립스(Kevin P. Phillips), 오삼교·정하용 옮김, 『부 와 민주주의: 미국의 금권정치와 거대 부호들의 정치사』(중심, 2002/2004), 507~508쪽.

33 케빈 필립스(Kevin P. Phillips), 오삼교·정하용 옮김, 『부 와 민주주의: 미국의 금권정치와 거대 부호들의 정치사』(중심, 2002/2004), 20, 537쪽.

34 제이콥 해커(Jacob S. Hacker)·폴 피어슨(Paul Pierson), 조자현 옮김, 『부자들은 왜 우리를 힘들게 하는가?: 승자 독식의 정치학』(21세기북스, 2010/2012), 267~275쪽.

35 폴 로버츠(Paul Roberts), 김선영 옮김, 『근시사회: 내일을 팔 아 오늘을 사는 충동인류의 미래』(민음사, 2014/2016), 276~ 277쪽.

36 「Nancy Pelosi」, 『Current Biography』, 64:2(February

2003), p.45.

37 놈 촘스키(Noam Chomsky), 오애리 옮김, 『507년, 정복은 계속된다』(이후, 1993/2000), 97쪽.

38 로널드 케슬러(Ronald Kessler), 임홍빈 옮김, 『벌거벗은 대통령 각하』(문학사상사, 1995/1997), 106쪽.

39 데이비드 브룩스(David Brooks), 이경식 옮김, 『소셜 애니멀: 사랑과 성공, 성격을 결정짓는 관계의 비밀』(흐름출판, 2011), 456쪽.

40 장슬기, 「권익위 조사 '가장 부패한 집단'으로 정치권과 언론계 꼽아」, 『미디어오늘』, 2022년 12월 29일.

41 닐 포스트먼(Neil Postman), 홍윤선 옮김, 『죽도록 즐기기』(굿인포메이션, 1985/2009), 67쪽.

42 마이클 레지스터(Michael Regester)·주디 라킨(Judy Larkin), 박현순 옮김, 『전략적 이슈 관리 PR』(커뮤니케이션북스, 2002/2004), 197쪽.

43 미첼 스티븐스(Mitchell Stephens), 이광재·이인희 옮김, 『뉴스의 역사』(황금가지, 1997/1999), 335쪽.

44 손석희 외, 『저널리즘의 신: 손석희에서 『르몽드』까지』(시사IN북, 2019), 179쪽.

45 금준경, 「'알고리즘 독재' 시대, 어떻게 맞설 것인가」, 『미디어오늘』, 2019년 3월 28일.

당신의
운명을
사랑하라

© 강준만·강지수 2023

초판 1쇄 2023년 9월 21일 찍음
초판 1쇄 2023년 9월 27일 펴냄

지은이 | 강준만
사 진 | 강지수
펴낸이 | 강준우
기획·편집 | 박상문, 김슬기
디자인 | 최진영
마케팅 | 이태준
인쇄·제본 | (주)삼신문화

펴낸곳 | 인물과사상사
출판등록 | 제17-204호 1998년 3월 11일

주소 | (04037) 서울시 마포구 양화로7길 6-16 서교제일빌딩 3층
전화 | 02-325-6364
팩스 | 02-474-1413

www.inmul.co.kr | insa@inmul.co.kr

ISBN 978-89-5906-719-0 03300

값 18,000원